D1743143

刺しゅうとアップリケの
優しいキルト

オノエ・メグミ

アップリケも刺しゅうも異なるフィールドとはとらえず、どちらも布と糸を使って描く絵画と考えて
長年デザイン、制作に取り組んできました。
この度キルトを中心とした作品集を出すことになり、とても嬉しく思っています。
布で作る作品は日常生活の中で身の回りに置いておく物ですので、
心のなごむような優しさのあるデザインにしたいと考えています。
色彩も個々に対立主張させるより空間にとけこむようなトーンを心がけています。
この本が刺しゅうの好きな方にも、パッチワークの好きな方にも、2つの世界を結ぶヒントとなって、
新しい作品作りのお手伝いができれば幸せです。

日本ヴォーグ社

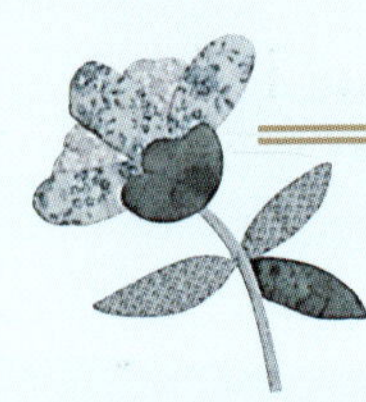

Contents

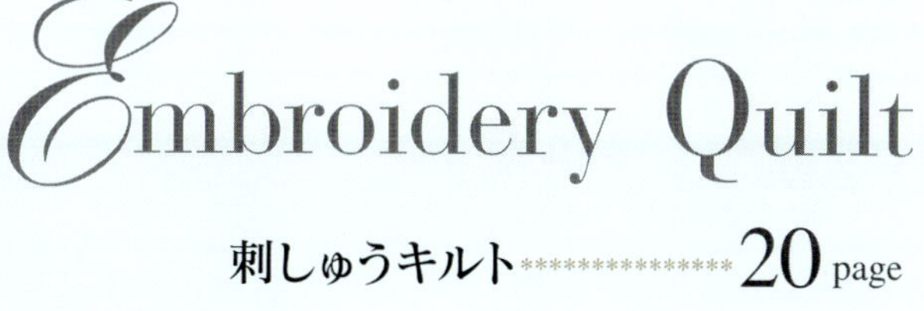

Megumi Onoe

Applique Quilt
アップリケ・キルト

1 白いバラ white roses

さまざまなニュアンスのホワイトでアップリケしたバラ。
品の良い地色との組み合わせで、ピュアで清楚な印象に仕上げます。

サイズ／178cm×114cm　作り方／42ページ

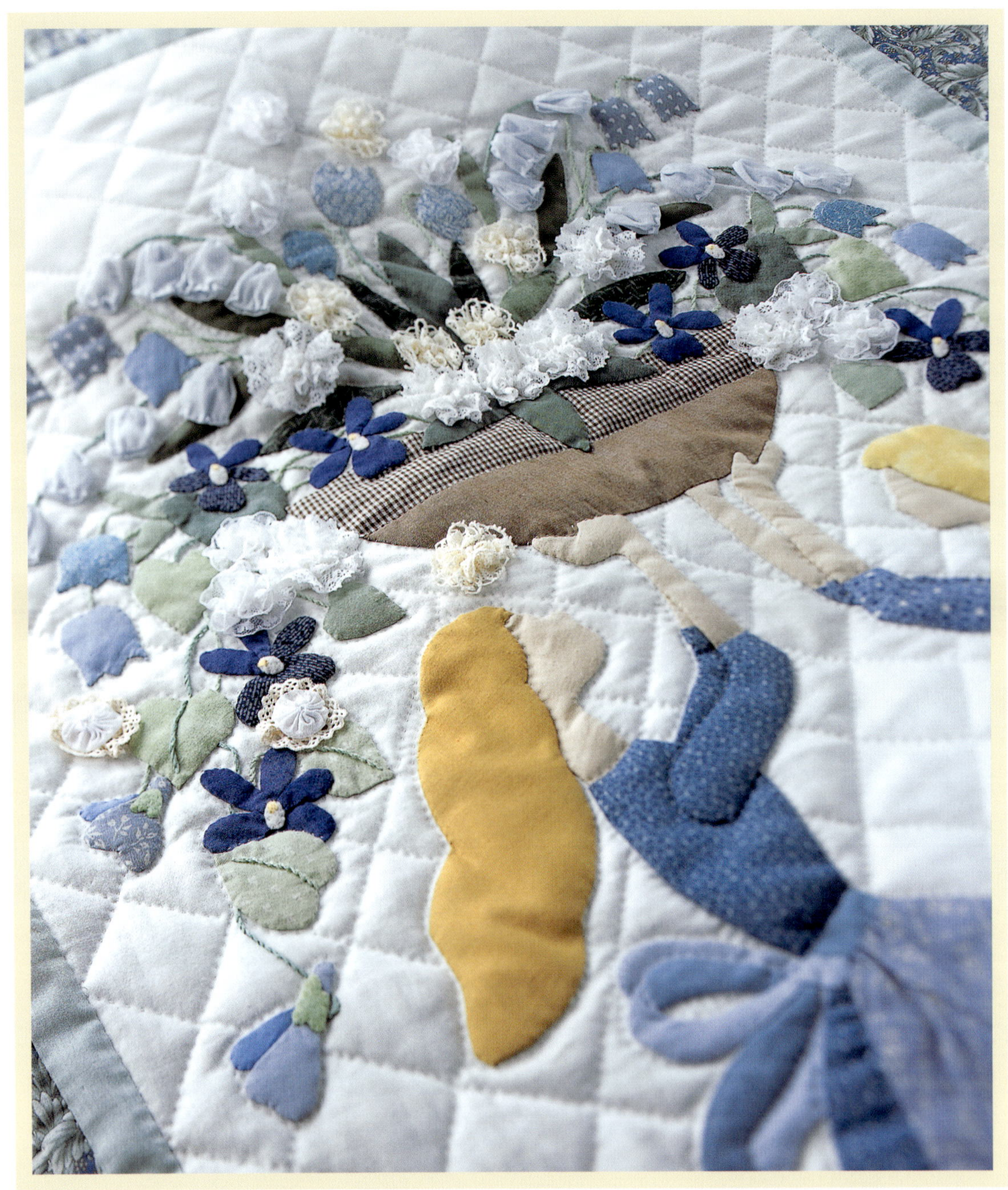

2 花かごと少女 a flower basket

プリント布の配置を考えたり、レースやオーガンジーでより繊細な雰囲気を表現したり。
アップリケは、色合わせだけでなく、布地の組み合わせも楽しめるのが魅力です。

サイズ／188cm×124cm　作り方／46ページ

Megumi Onoe

カップ＆ソーサー／カントリースパイス

3 フラワーモチーフ flower designs

デザインされた花々をいくつも並べた大作。
それぞれのモチーフは、単独でクッションやバッグに仕立てても素敵です。

サイズ／タペストリー 286cm×226cm　クッション 43cm×43cm　作り方／50ページ

4 パンジー pansies

パッチワークや刺しゅうは得意でも、アップリケは初めてという方におすすめのバッグです。
まちのピースワークで腕ならしをして、さあ、はじめましょう。　サイズ／28cm×27cm×9cm　作り方／56ページ

5 アネモネ anemones

大きく開いた花びらと、中心の色の対比が印象的です。
バッグの地色は花びらの鮮やかさを引き立てるよう、ダークな色を選びました。 サイズ／26cm×24cm×12cm 作り方／59ページ

Punch work
パンチワーク

6 ポピー　poppies

パンチワークは、レジェール刺しゅうの一種です。
レジェールは、フランス語で軽やかな布、うすい布という意味。
オーガンジーにアップリケをするとき、小さな穴で装飾模様を作る手法です。

サイズ／110cm×160cm　作り方／62ページ

Applique of Organdy

オーガンジー・アップリケ

7 ポピー poppies

憧れのリネンのテーブルクロスは、
オーガンジーのポピーをアップリケ。
柔らかで優しい色を選びます。

サイズ／130cm×180cm　作り方／64ページ

Cross stitch & Raised work

クロスステッチとレイズドワーク

8 フラワーバスケット

flowers in baskets

シンプルなクロスステッチのテーブルセンターとコースター。
グレーのリネンに赤1色が映えるデザインで。

サイズ／テーブルセンター 30cm×65.5cm　コースター12.5cm×12.5cm

作り方／66ページ

ケーキ皿　マグカップ／カントリースパイス

Strawberry fl
TEA

9 イチゴ strawberries

小物の整理整頓に役立つウォールポケット。
毎日目にするものだから、コロンとした形が
愛らしいイチゴの刺しゅうで飾ります。

サイズ／41cm×31.6cm　作り方／68ページ

キャニスター　S.Pセット／カントリースパイス

10 サイプレス cypresses

レイズドワークで作ったふっくらとした実が、可愛らしい。
スパイシーでさわやかな香りが、アロマオイルとしても人気のイトスギです。
ボリュームのあるモチーフが活きるよう、デザインはシンプルに。

サイズ／26cm×26cm　作り方／70ページ

サイズ／40cm×40cm

サイズ／21cm×34cm

Embroidery Quilt

刺しゅうキルト

11 ベビーキルト

a baby quilt

華やかなブーケを刺しゅうしたベビーキルトと、
テディベアとお揃いのスタイ。
ベビーらしい優しい色使いのセットです。

サイズ／92cm×64cm　作り方／72ページ

12 すみれのブーケ

bouquets of violets

すみれは、バラや百合と並んで、古くから尊ばれてきた花。
春らしい、パープルのグラデーションが美しいキルトです。
キルトと同じモチーフを使って、
ナインパッチのクッションも作りました。

サイズ／タペストリー 188cm×124cm　クッション 43.4cm×43.4cm

作り方／74ページ

13 野すみれとパンジー
violets & pansies

優しい色合いの花刺しゅうも、
ボーダーにはっきりとした色を使うことで
甘さを押さえ、キリッとした仕上がりに。

サイズ／185.5cm×124cm　作り方／80ページ

14 すみれを摘む少女たち

girls with violets

おとぎの国から抜け出してきたような少女たち。
本を読んで憧れた、あの頃を思い出させてくれるノスタルジックな1枚です。

サイズ／184cm×124cm　作り方／84ページ

Flower Embroidery
花の刺しゅう

15 百合 lilies

一色刺しのクッションは、落ち着いた色味を選んで。
清楚な百合をモチーフにしたシンプルで上品なデザインです。

サイズ／42cm×42cm　作り方／88ページ

16 バラ a rose

輪郭だけのバラのモチーフが新鮮な、
大人のためのデイリーバッグです。

サイズ／36cm×33.2cm　作り方／90ページ

17 バラ roses

刺しゅうをはじめたなら、一度は作ってみたい正統派のバラのモチーフ。
微妙なグラデーションを刺すのが醍醐味です。

サイズ／26cm×34cm×6cm　作り方／92ページ

18 カントリーサイド

in the country

絵を描くように、想い出の風景を
刺しゅうして愉しみましょう。
額やマットもこだわって選びます。

サイズ／外径34cm×28cm　作り方／90ページ

STEINWAY & SONS

19 ピアノのキーカバー
a key-board cover

大切な鍵盤を守ってくれる、キーカバー。
花の音符で大好きな曲を刺しゅうしては?

サイズ/15cm×120cm　作り方/94ページ

20 小さな花のサンプラー a sampler

サンプラー図案をどんな風に自分らしく展開するか、
あれこれ考えるのは楽しい時間です。

作り方／95ページ

始める前に

Preparation

★材料と用具

◇◇ 刺しゅうに適した布

刺しゅう用布は麻や綿の平織り布が刺しやすく、取り扱いが簡単です。
作る作品や図案にあった布を選ぶことが大切です。

◎厚手の麻布

ある程度張りがあるので刺しやすく、仕上がりもきれいです。

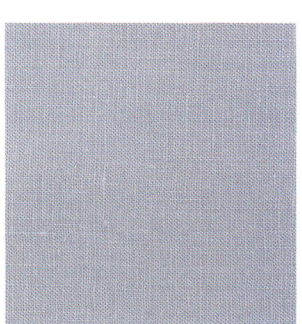

イチゴのウォールポケット（17ページ）

バラのバッグ（30ページ）

百合のクッション（28ページ）

額絵（31ページ）

ピアノのキーカバー（32ページ）

＊このページの布は実物大です

◎薄手の麻布

薄手でしっかりしているので、テーブルセンターやクロス類に向きます。

ポピーのテーブルクロス（14ページ）

◎綿オーガンジー

薄く透けている平織の綿布です。

パンチワークのテーブルクロス（12ページ）

ポピーのアップリケ（14ページ）

◎クロス・ステッチ用布

織り糸が数えやすい布地です。織り目は10㎝平方で表示されていて、数字が小さくなるほど粗めになります。この布地は10㎝平方で55目×55目です。

フラワーバスケットのテーブルセンターとコースター（16ページ）

◎綿サテン

平織の目のつんだ木綿布で、表面に光沢があります。

ベビーキルト（20ページ）

◇◇ 刺しゅう糸

刺しゅう糸でよく使われるのが、25番と5番です。

◎5番刺しゅう糸

25番より太い糸で、
撚りがかかっています。

◎25番刺しゅう糸

細い糸6本がゆるく撚り合わさったものが束になっていて、
布地や図案･用途によって糸の本数を変えて使います。

◇◇ 針

実物大

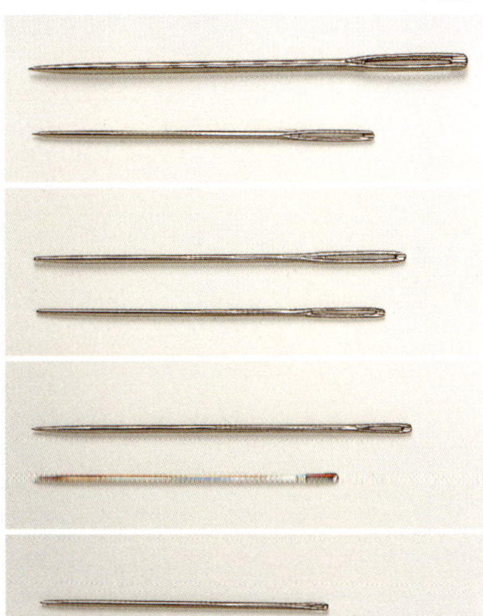

◎シェニール針

針穴が大きく、先の尖った針です。パンチワークや5番の糸のときに使用します。

◎クロス･ステッチ針

クロス･ステッチ用の先が丸い針です。刺しゅう糸の本数によって針の太さを選びます。

◎刺しゅう針

刺しゅう針としてもっとも一般的な針です。針穴が長く、先が尖っているのが特徴です。布の種類や図案によって使いやすい番号を選びます。

◎縫い針

アップリケや、ピースワーク、キルティングなどに使用します。

◇◇ 糸　縫い糸とキルティング用糸

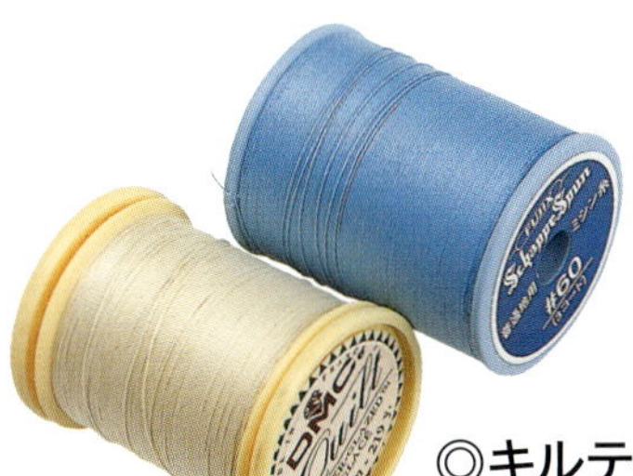

◎縫い糸（ミシン糸）

アップリケ布や縁布をまつったりするのに使います。

◎キルティング用糸（DMC）

縫い糸よりも太くて光沢があり、丈夫な糸です。ピースとピースを縫いつないだり、キルティングするのに使います。

◇◇ 刺しゅう用具

①手芸用複写紙
②トレーシングペーパー
③セロファン
④鉛筆
⑤鉄筆
⑥はさみ
⑦ヘラ
⑧しつけ糸
⑨まち針
⑩ピンクッション

★ 刺しゅうを始める準備

◇◇ 布について

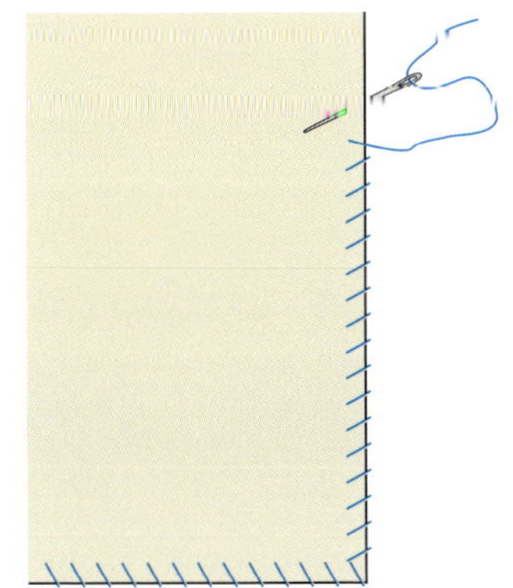

刺しゅう布は縫い代分などを余分につけ、布目を通してアイロンをかけてから裁断します。麻布はほつれやすいのでしつけ糸1本で、周囲をかがっておきます。

◇◇ 図案の写し方

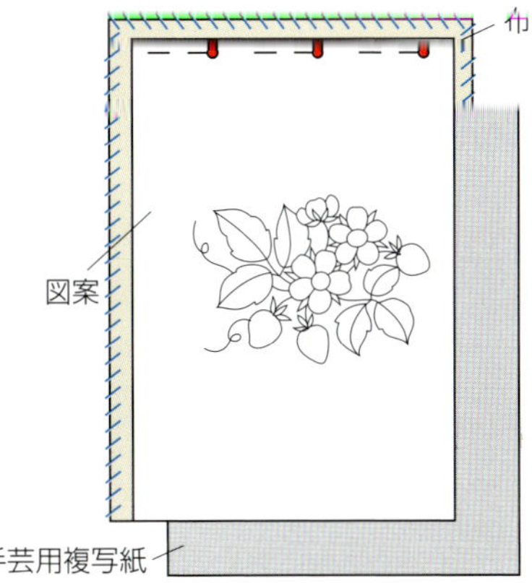
布
図案
手芸用複写紙

1 図案をトレーシングペーパーに写し、布地の表の中央に図案を重ねてまち針で止め、間に手芸用複写紙をはさみます。

セロファン

2 図案の上にセロファンを重ね、鉄筆で図案をなぞって布に写します。

アップリケ

アップリケの図案は刺しゅうと同要領で土台布に写し、アップリケの各パーツは厚紙で型紙を作ります。

1 土台布とアップリケ布を用意します。

2 土台布に図案を写します。

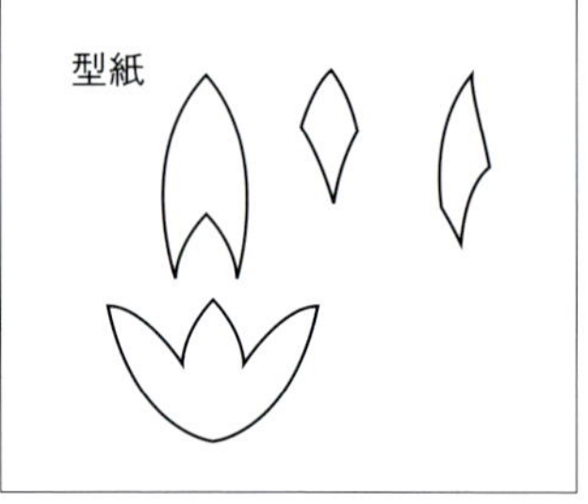
型紙

3 各パーツの型紙を厚紙で作ります。

4 アップリケ布の裏に型紙の裏をおき、型紙の輪郭を鉛筆で描きます。縫い代0.5～0.7cmのカットラインを描いて布をカットし、カットしたパーツに型紙をおき、アイロンで形を作ります。

5 カーブはぐし縫いし、凹部分は切り込みを入れます。

6 型紙に合わせて糸を引き、アイロンで丸く形を整えます。

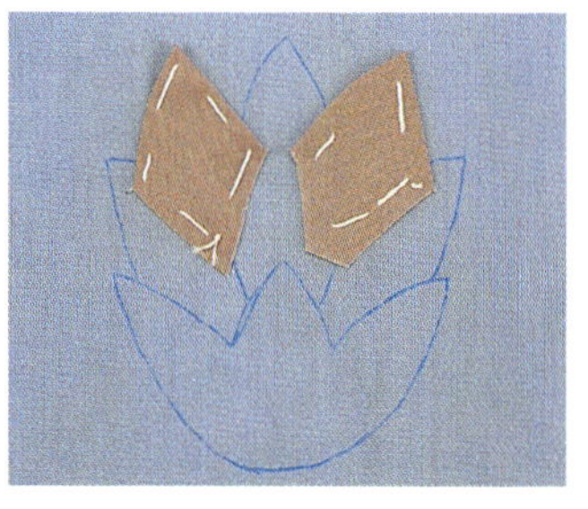

7 台布の図案の上にアップリケ布を下になるパーツから順に重ね、しつけでとめ付けていきます。

8 しつけが終わったら、たてまつりでとめます。

アイロンやカーブのぐし縫いをしない方法

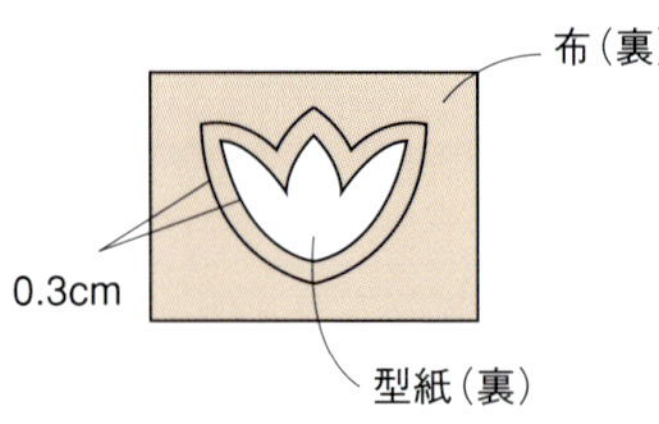
布（裏）
0.3cm
型紙（裏）

1 布の裏に型紙の裏をおいてパーツの輪郭を鉛筆で描き、縫い代0.3cmのカットラインを描いて布をカットします。

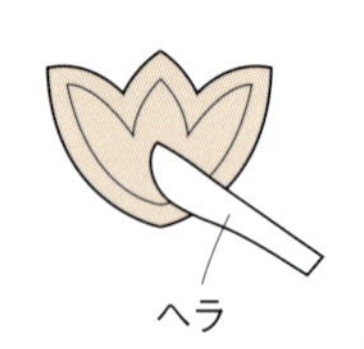
ヘラ

2 ヘラで輪郭をなぞり、布に折り線を付けます。

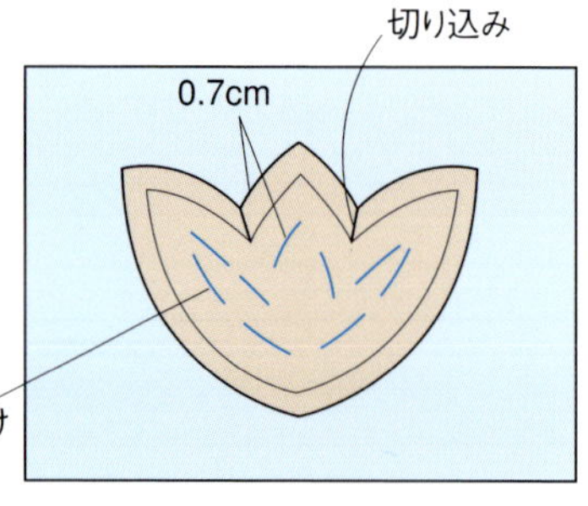
切り込み
0.7cm
しつけ

3 土台布の上におき、0.7cm内側にしつけをかけて切り込みを入れます。

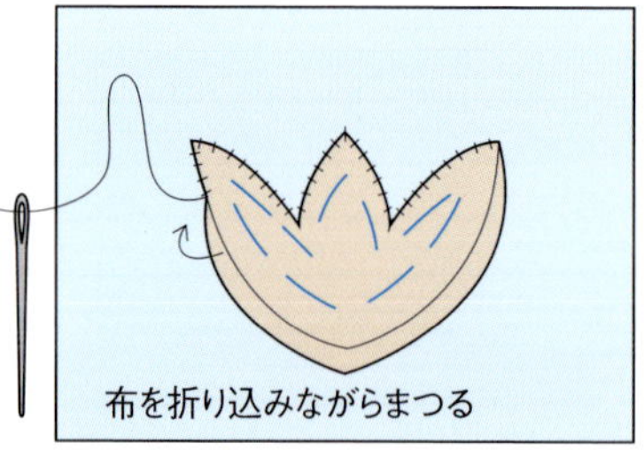
布を折り込みながらまつる

4 縫い代を針先で折り込みながらたてまつりでまつります。

パンチワーク

パンチワークは薄い布にアップリケするとき、そのまわりを太い針と細い糸を使ってかがりながら、小さな穴(パンチ)の模様を作る手法です。布がつれない程度に糸を引き締めるのがポイントです。

※テーブルクロス(12ページ)の周囲のスカラップで解説。

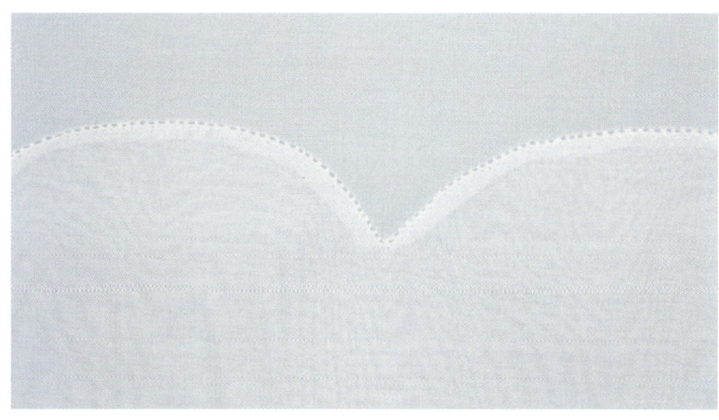

スカラップの型紙を作り、0.7cmの縫い代を付けて裁ちます。
カーブの凹部分に切り込みを入れ、型紙に合わせてアイロンで丸く形を整えます。
次に、型紙をとりはずし、縫い代を0.5cmに切り揃えてから、土台布にしつけでとめ付けます。

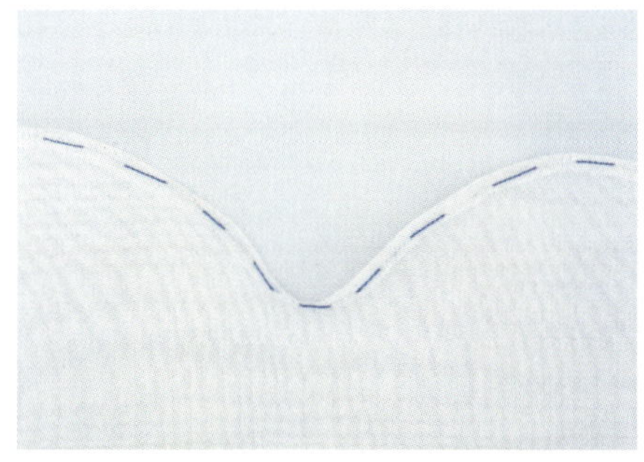

1 土台布にしつけでとめ付けました。太めのシェニール針に刺しゅう糸(白)1本で通します。

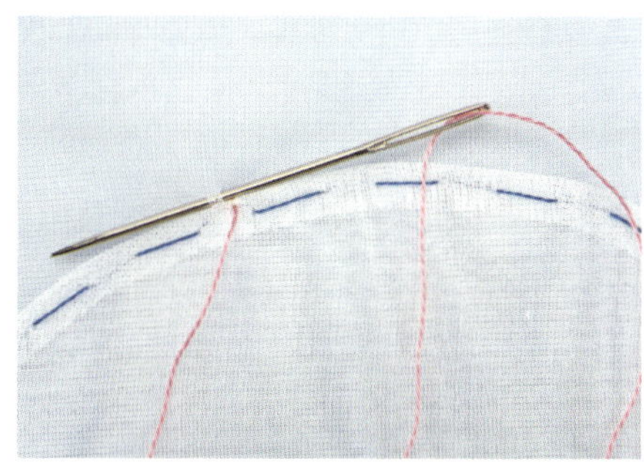

2 1から出し、2に入れて3から出したところです。布をすくう位置は、アップリケ布の際の土台布です。

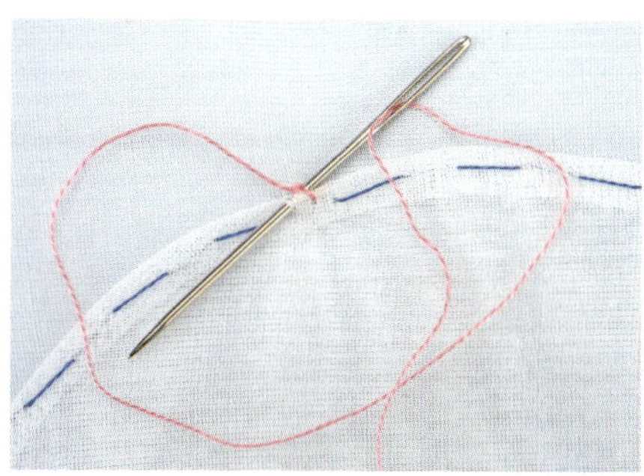

3 6から入れて、7に出すところです。小さな穴(パンチ)があきます。2･4･6は同じ穴に入れます。

アップリケのたてまつり

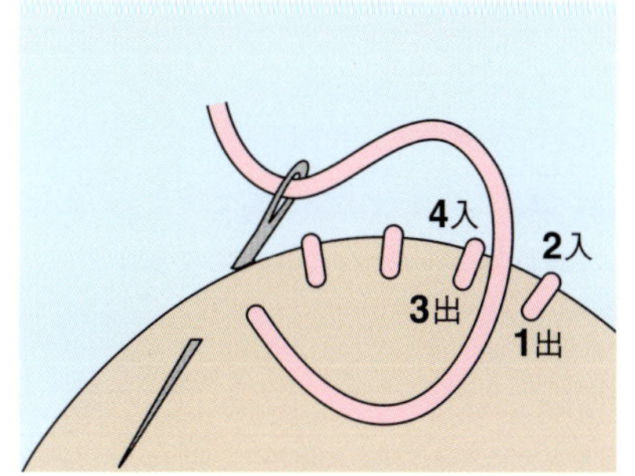
4入
2入
3出
1出

1から針を出し、すぐ上のアップリケ布の際の台布の**2**に針をいれます。土台布を斜にすくって、アップリケ布の**3**から針を出します。針目はアップリケ布に直角に入ります。

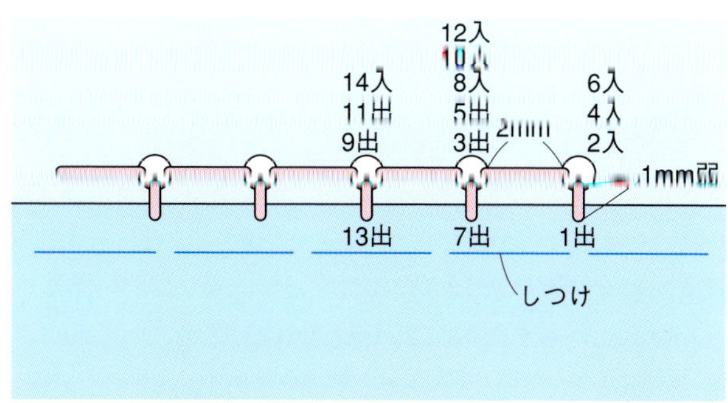
12入
10出
14入
11出
9出
8入
5出
3出
2mm
6入
4入
2入
1mm弱
13出
7出
1出
しつけ

1 裏側から1に針を出します。
2 2入―3出と布をすくって引きます。1―2の長さは1mm弱、2―3の長さは2mmくらいです。
3 2と同じ位置に4入―5出と針を入れ、布をすくって引きます。少しきつめに引くと、小さな穴(パンチ)があきます。
4 6入―7出と布をすくって引きます。
5 同様にくり返します。

レイズドワーク

薄い布を台布にして、布をすくわないボタンホール・ステッチで刺し埋め、
わたを詰めて立体的に仕上げる方法です。

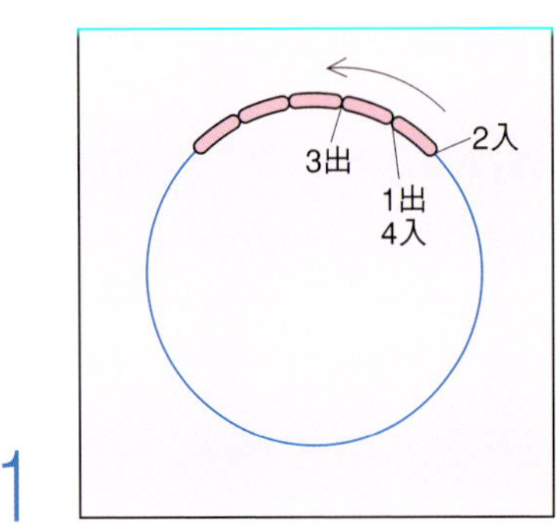

3出
2入
1出
4入

1 オーガンジーに図案より大きめの円を描き、5番刺しゅう糸1本でバック・ステッチを4〜5目します。

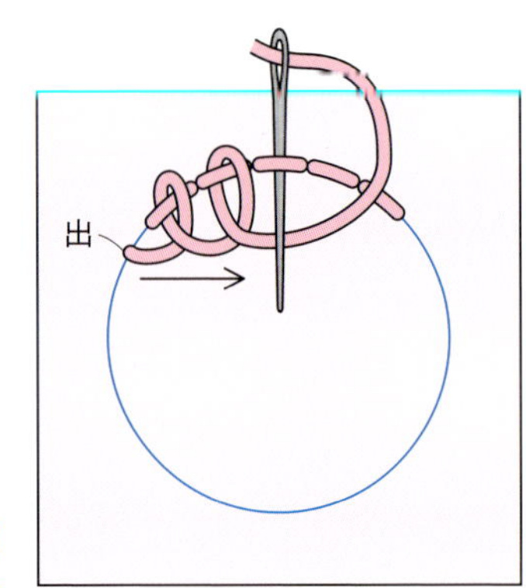

出

2 バックステッチの糸をすくい、布はすくわずにボタンホール・ステッチをし、1段めの終わりは布に針を入れます。

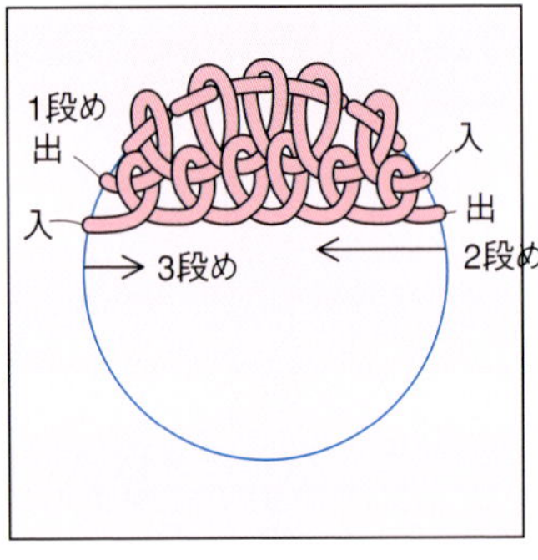

1段め
出
入
入
出
3段め
2段め

3 2段めは1段めの糸をすって右から左に進み、布をすくわないボタンホール・ステッチをくり返します。

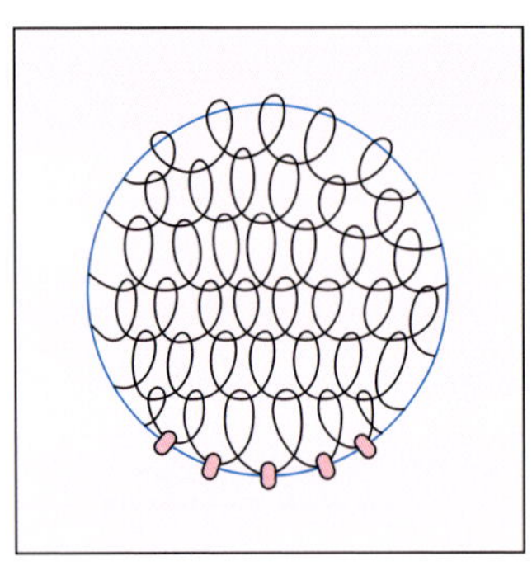

4 1番下の段は、たてまつりの要領でオーガンジーにとめ付けます。

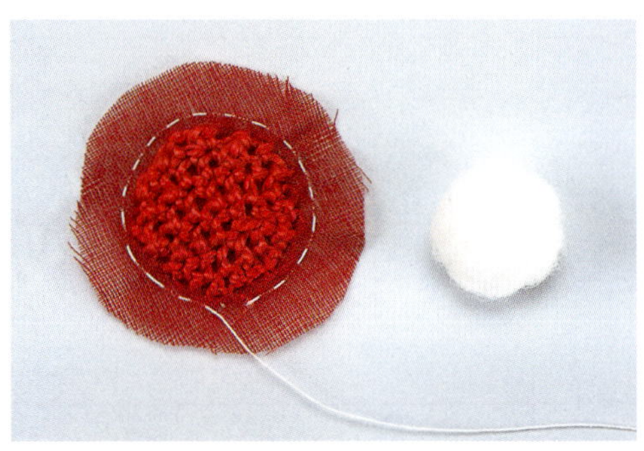

5 同色の縫い糸1本で刺しゅうの周囲をぐし縫いし、縫い代を5mmぐらいつけてカットします。わたはまるくします。

6 わたを入れて糸を引き、小さなボール形にします。

7 しぼったところは縫い針でかがって、止めます。これを図案に合わせて土台布に縫いとめます。

◎25番刺しゅう糸の扱い方

25番刺しゅう糸は細い糸6本がゆるく撚り合わされているので、布地や図案、用途によって糸の本数を変えて使用します。

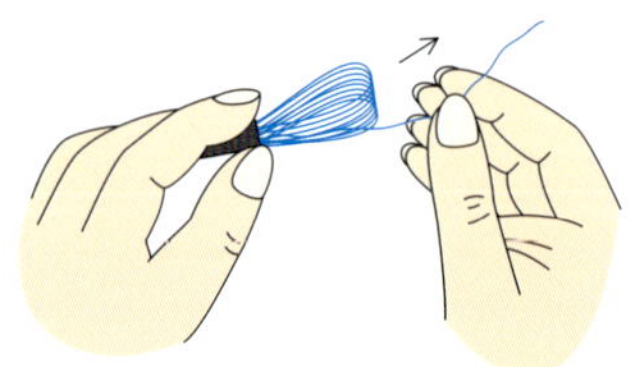

1 束になっている糸口から使いやすい長さ(40〜50cm)を引き出して切ります。

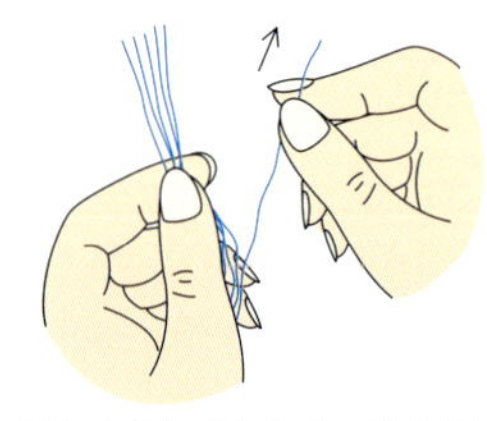

2 6本の糸から1本ずつ引き抜いて、使う本数を揃えて針に通します。

◎糸の通し方

刺しゅう針は穴が細長いので、糸を針の頭に当てて二つに折り、親指と人さし指で二つに折れた糸をしっかりはさみ、針穴に通します。

1

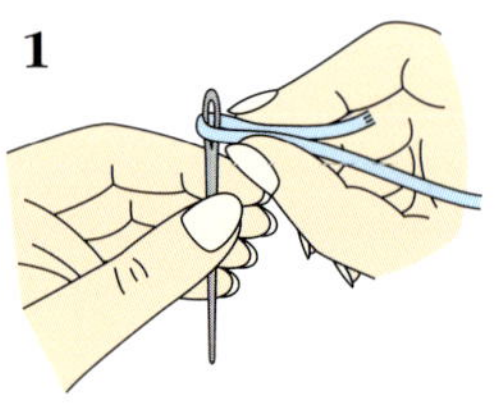

2

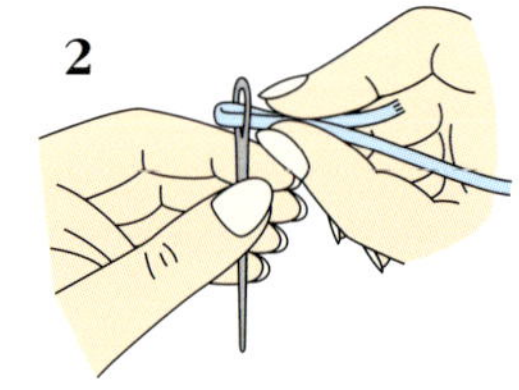

刺しゅう絵画
（フリー・ステッチ）

絵の具を刺しゅう糸に、筆を針にかえて、絵を描くように刺しゅうをする方法です。
刺し方としては、絵筆で色を塗るように、平行に糸を並べて埋めていきます。

1 刺しゅう布に図案を写します。

2 糸端は玉結びを作らずに表から針を入れ、中央をぐし縫いします。

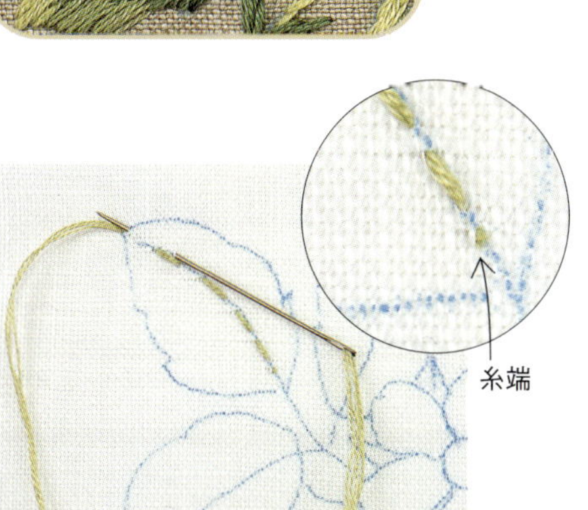
糸端

3 葉先に針を出し、ぐし縫いの上をひと針すくいます。

4 葉先の部分から刺します。

5 色を塗るような感覚で、フリー・ステッチで刺します。糸替えのときも、新しい糸は表から針を入れ、2～3針ぐし縫いしてからフリー・ステッチで刺し始めます。

アイロンのかけ方

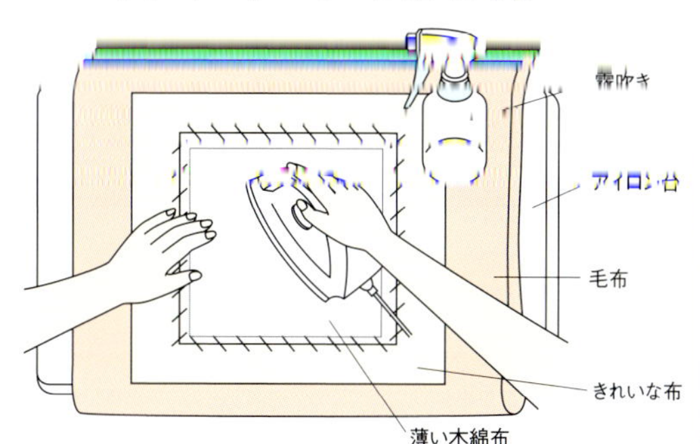
霧吹き
アイロン台
毛布
きれいな布
薄い木綿布

アイロン仕上げをすることによって作品が一段と美しくなります。刺しゅうは立体的なものなので糸を痛めないように、アイロン台の上に折った毛布を置き、きれいな布をかぶせます。刺しゅう面を裏返しに置き、平均に霧を吹き、更に薄い木綿布を重ねて刺しゅうの縫い縮みを伸ばすようにかけ、仕上げに刺しゅう部分から外側に向かってかけます。アイロンの温度は布地に合わせて調整します。

この本で使用したステッチの刺し方

●アウトライン・ステッチ

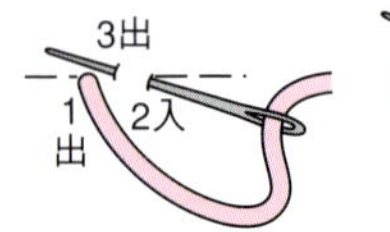
3出
1出
2入
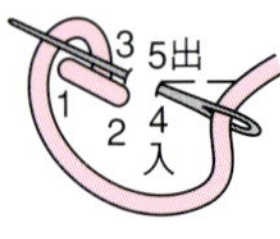
3
5出
1
2
4入
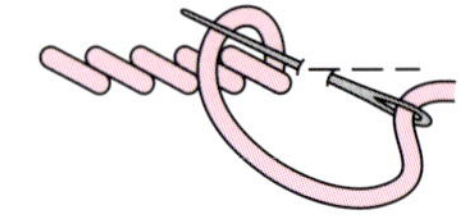

輪郭や草花によく使われます。ステッチの長さを加減すると線の太さが変わります。

●サテン・ステッチ

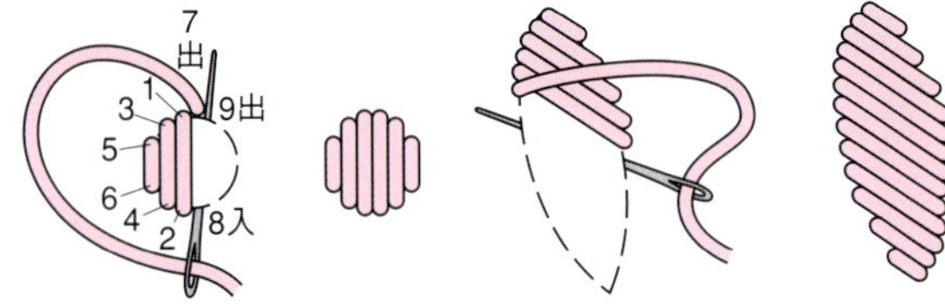
7出
1
3
9出
5
6
4
2
8入

平行に糸を並べて、刺し埋めるステッチです。

●チェーン・ステッチ

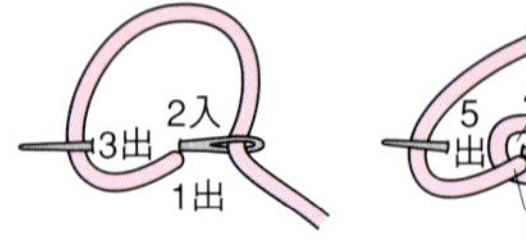
3出
2入
1出
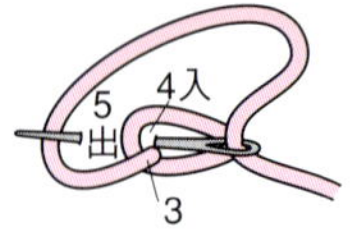
5出
4入
3

糸を針にかけるとき、いつも同じ方向にかけます。

●ツイステッドチェーン・ステッチ

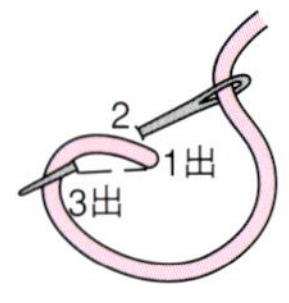
2
1出
3出
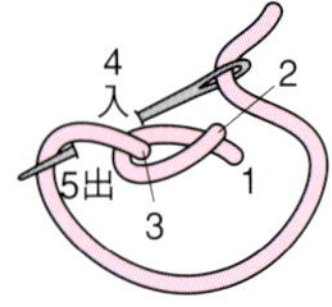
4入
2
5出
1
3

チェーン・ステッチをねじって刺します。

●フレンチノット・ステッチ

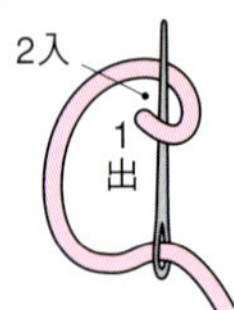
2入
1出
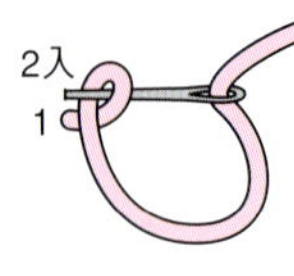
2入
1
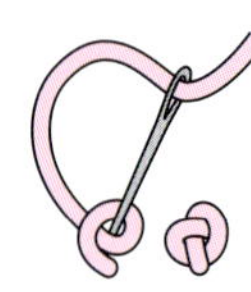

糸を針に巻いて結び玉を作ります。

●バリオン・ステッチ

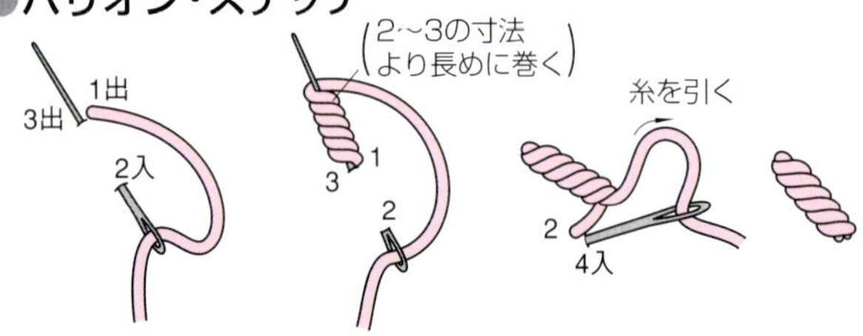
1出
3出
2入
(2~3の寸法より長めに巻く)
3
1
2
糸を引く
2
4入

針に糸を巻くときは均等に巻きます。

●バスケット・ステッチ

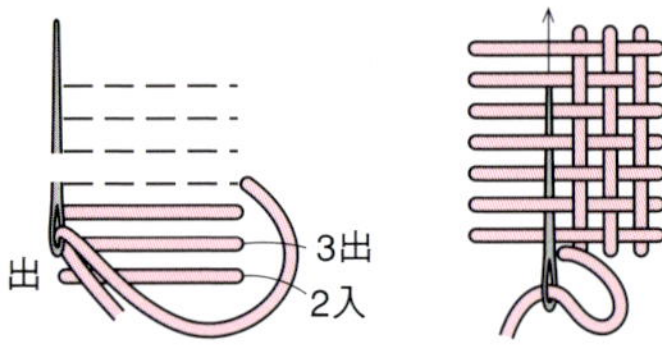
1出
3出
2入

横又は縦に、長いストレート・ステッチを並べます。
次に、かごを編むように針をくぐらせていきます。

●バック・ステッチ

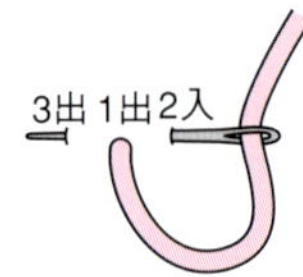
3出 1出 2入
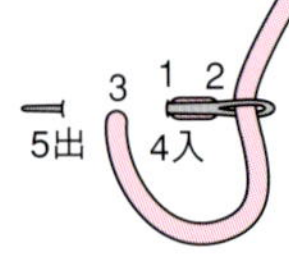
3
1 2
5出
4入
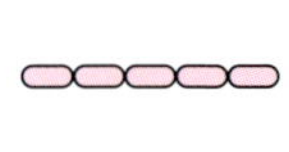

針を1に出して2に入れ、ひと針先に針を出します。4は1と同じところに入れます。

●ボタンホール・ステッチ

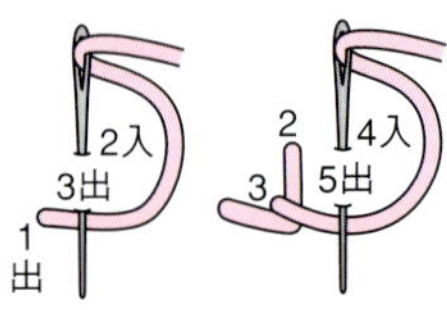
2入
3出
1出
2
4入
3
5出
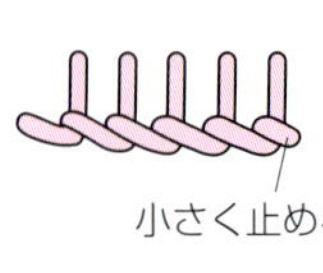
小さく止める
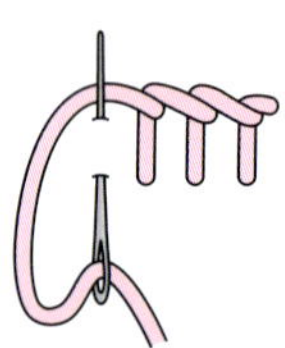

間隔を揃えて刺します。

●レージーデージー・ステッチ

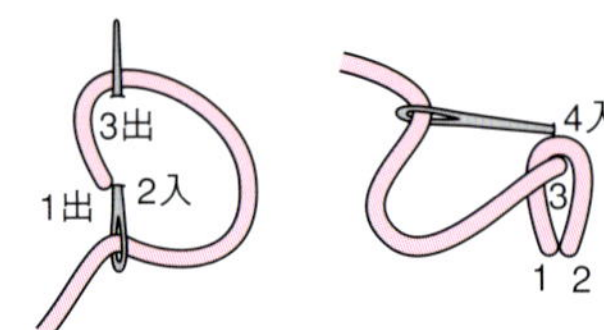
3出
1出
2入
4入
3
1 2

花びらや葉によく使われます。

●フライ・ステッチ

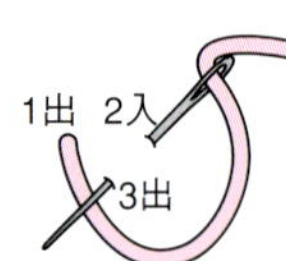
1出
2入
3出
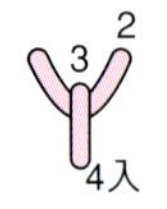
3
2
4入

単独でも連続でも刺すことができます。

●ジャーマンノット・ステッチ

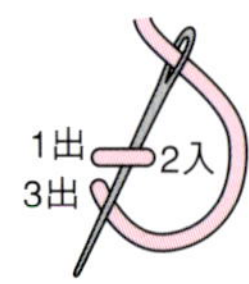
1出
2入
3出
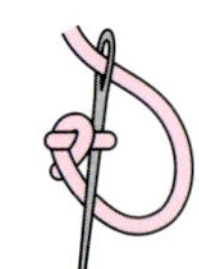

4入

1から2に針を入れて糸を渡し、渡った糸だけをすくいます。

●ストレート・ステッチ

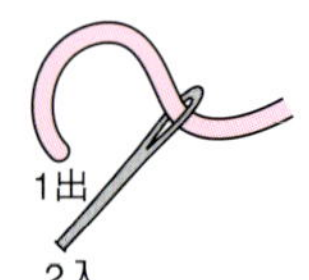
1出
2入
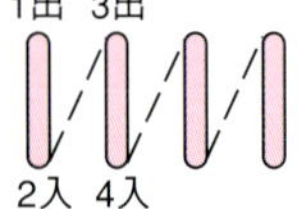
1出 3出
2入 4入

ひと針で刺します。

パッチワークキルトの基礎

＜ピースワーク＞

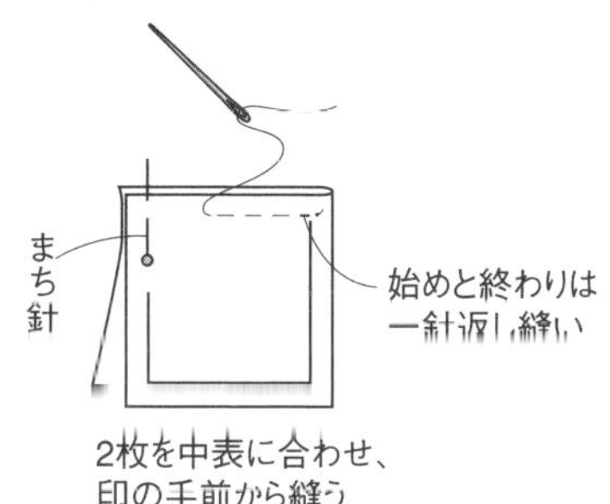
まち針
始めと終わりは一針返し縫い

2枚を中表に合わせ、印の手前から縫う

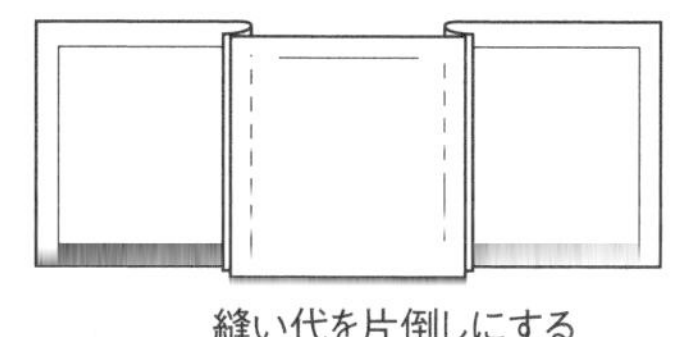

縫い代を片倒しにする

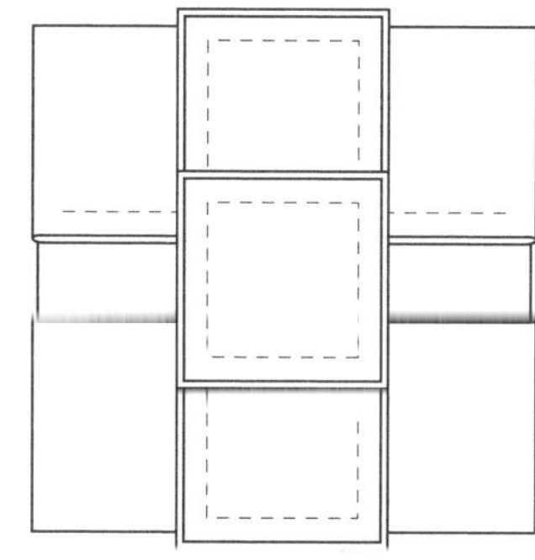

縫い代が重ならないように互い違いに倒す

＜キルティング＞

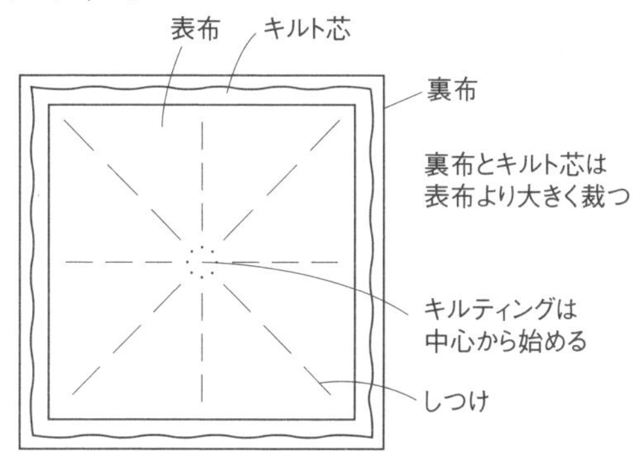
表布
キルト芯
裏布
裏布とキルト芯は表布より大きく裁つ
キルティングは中心から始める
しつけ

放射状にしつけをかける

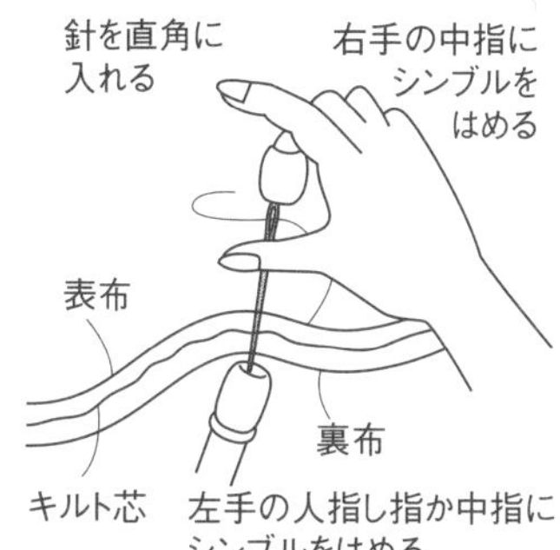
針を直角に入れる
右手の中指にシンブルをはめる
表布
裏布
キルト芯
左手の人指し指か中指にシンブルをはめる

少し離れたところでカットする
縫い終わりは返し縫い
縫い始めは返し縫い
表布
キルト芯
裏布
結び玉を作り中に引っぱる

＜バインディング＞

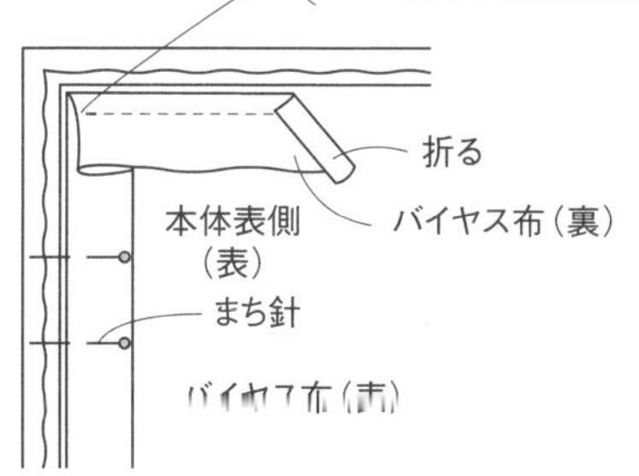
角でひと針返し縫い
折る
本体表側（表）
バイヤス布（裏）
まち針
バイヤス布（表）

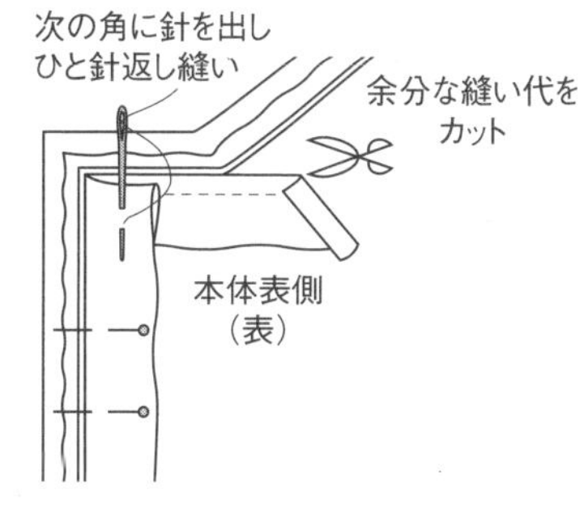
次の角に針を出しひと針返し縫い
余分な縫い代をカット
本体表側（表）

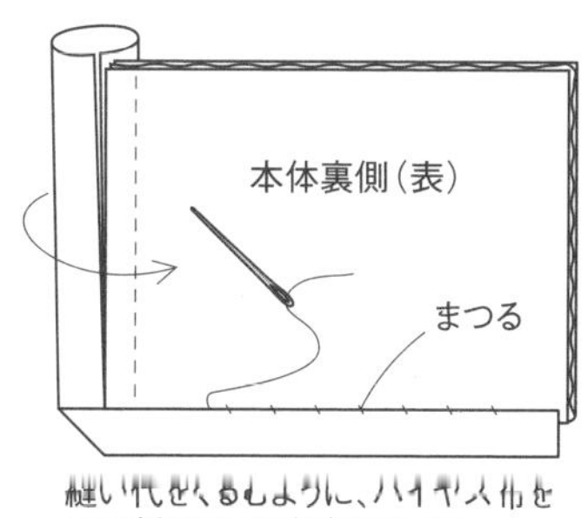
本体裏側（表）
まつる

縫い代をくるむように、バイヤス布を三つ折りにして裏布にまつる

パッチワークキルト用語

ピース…一片、一切れの意味で、パッチワークをするためにカットした布一片のこと。
ピースワーク（ピーシング）…ピース同士を縫い合わせること。
片倒し…ピースワークをしたものの縫い代をどちらか一方に倒すこと。（この方法の他、縫い代を両側に開いて「割る」場合もある）
表布（トップ）…パッチワークキルトの表側の布。パターンをつないだものの他にも、刺しゅうやキルティングを入れた一枚布の場合もある。
土台布…刺しゅうやアップリケなどをするとき、土台になる布のこと。
ボーダー…「へり」、「縁」の意味で、パターンなどをつないだ周囲に額縁のようにつないだ別布のこと。
キルティング…表布・キルト綿・裏布を三層に重ねたものを一緒にステッチで縫い合わせること。
キルティングライン…キルティングをする際の図案、または表布に描いた図案の線のこと。
バインディング…キルトの周囲をバイヤス地などの布でくるんで始末すること。

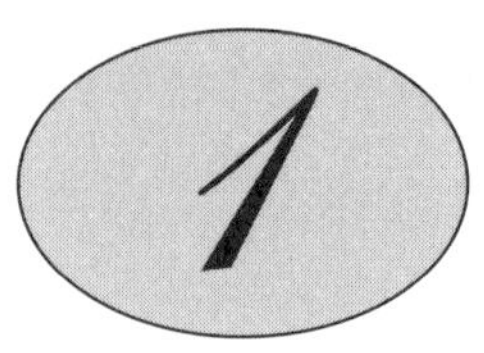

白いバラ white roses

4ページの作品

●材料 土台布…濃いブルー無地110×130cm、白地無地110×160cm、薄ブルーストライプ80×80cm、薄ブルー無地30×170cm、薄ブルーチェック55×40cm、ブルー無地15×20cm、裏布60×360cm、アップリケ布…白(無地、ストライプ、モアレ、花柄プリント2種)、アイボリー(無地、モアレ、花柄プリント)、クリーム花柄プリント、ピンクベージュ無地、ベージュ無地、薄茶(無地、チェック地)、ベージュプリント4種、薄茶プリント3種、濃い茶プリント各適宜、キルト芯130×190cm、1cm幅 アイボリーレース40cm、白レース25cm、4cm幅クリームモアレリボン40cm。DMC25番刺しゅう糸…676、677-各2束、822-6束。

●でき上がり寸法 178×114cm。

●作り方

[1]土台布を裁ち、図案を250%に拡大して写し、アップリケと刺しゅうをします。

[2]仕立て方図を参照して各部分をはぎ合わせていきます。

[3]キルティングラインを引き、トップと裏布の間にキルト芯をはさみ、しつけをしてからキルティングをします。

[4]周囲のスカラップをバイヤス布で仕上がり1cm幅にバインディングします。

アップリケキルト配置図

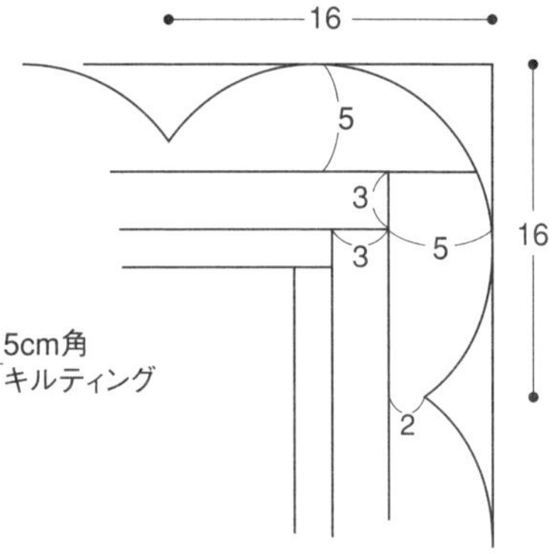

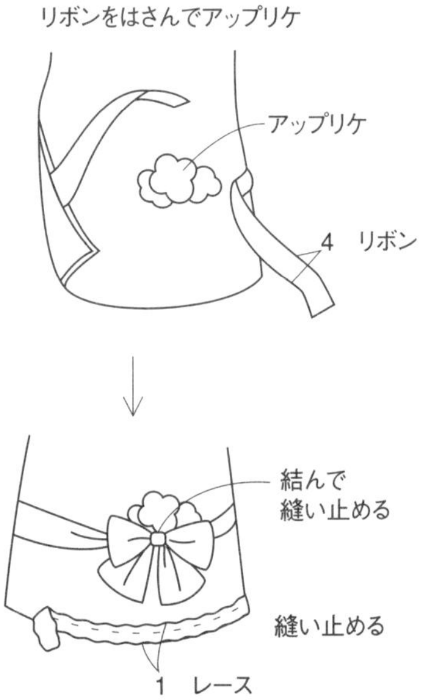

5cm角
キルティング
リボンをはさんでアップリケ
アップリケ
4 リボン
結んで
縫い止める
縫い止める
1 レース
すべてのピースアップリケの際に落としキルト
176
166
112

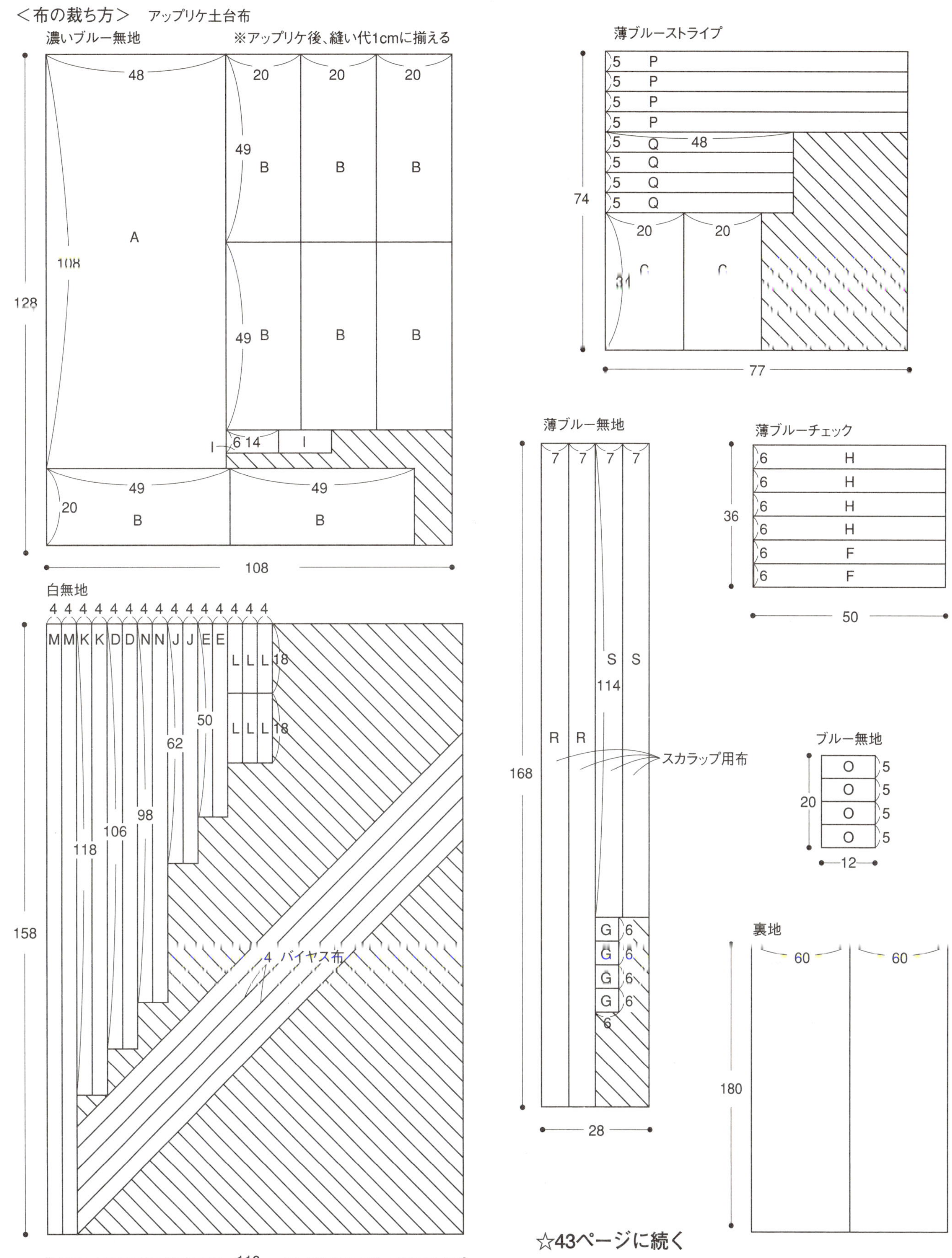
＜布の裁ち方＞
アップリケ土台布
濃いブルー無地
※アップリケ後、縫い代1cmに揃える
48
20
20
20
49
B
B
B
A
108
128
49
B
B
B
I
6 14
I
49
49
20
B
B
108
白無地
4 4 4 4 4 4 4 4 4 4 4 4 4 4 4
M M K K D D N N J J E E
L L L 18
L L L 18
50
62
98
106
118
158
4 バイヤス布
110
薄ブルーストライプ
5 P
5 P
5 P
5 P
5 Q 48
5 Q
5 Q
5 Q
74
20
20
C
C
31
77
薄ブルー無地
7 7 7 7
S S
114
R R
スカラップ用布
168
G 6
G 6
G 6
G 6
6
28
薄ブルーチェック
6 H
6 H
6 H
6 H
6 F
6 F
36
50
ブルー無地
O 5
O 5
O 5
O 5
20
12
裏地
60
60
180
☆43ページに続く

☆43ページからの続き

<仕立て方>

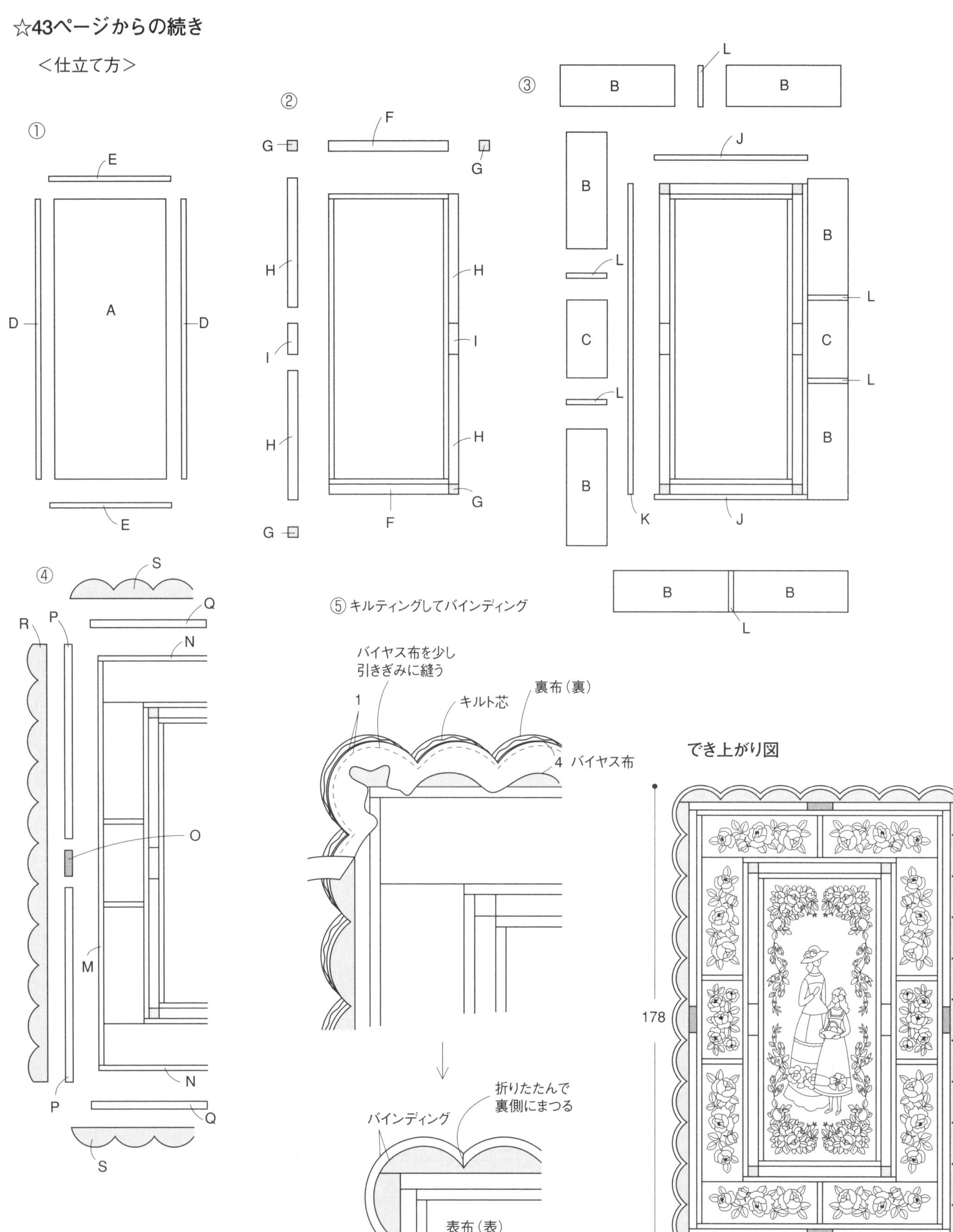
①
E
D
A
D
E
②
G
F
G
H
H
I
I
H
H
G
F
G
③
B
L
B
J
B
L
C
L
B
K
J
B
L
C
L
B
B
B
L
④
S
Q
R
P
N
O
M
N
P
Q
S
⑤キルティングしてバインディング
バイヤス布を少し
引きぎみに縫う
1
キルト芯
裏布（裏）
4 バイヤス布
バインディング
折りたたんで
裏側にまつる
表布（表）
でき上がり図
178
114

スカラップ

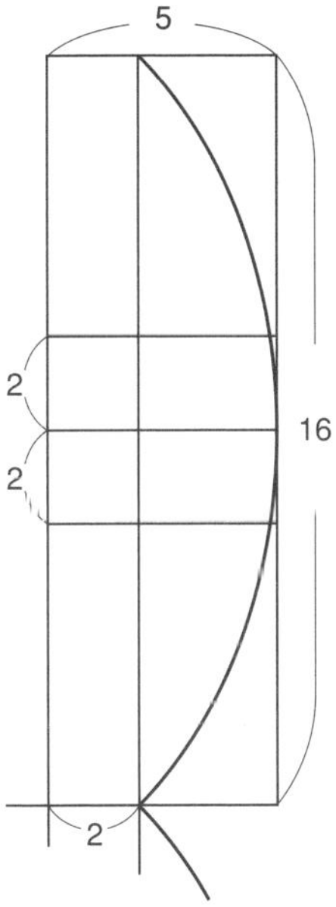

5

2

2

16

2

外側のキルティングライン

3　6

6

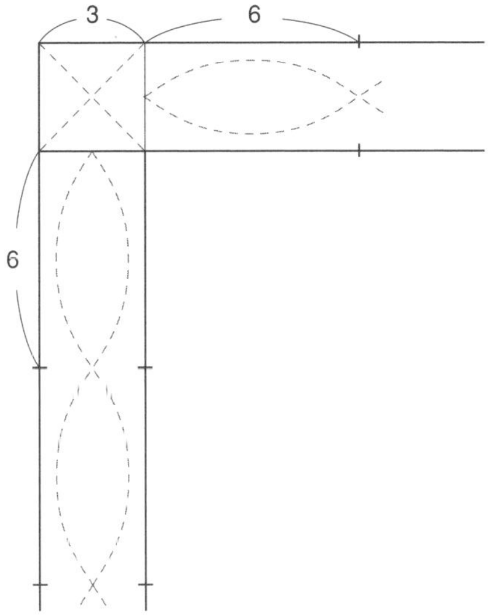

内側のキルティングライン

4　6

6

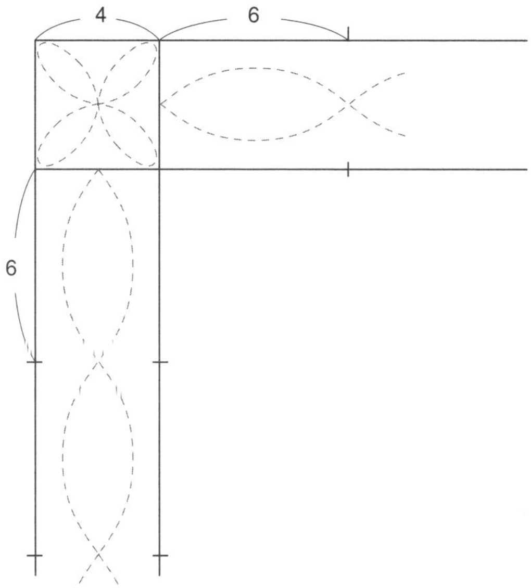

2/5縮尺図案　ⓒ ⓒ' は対称に配置する

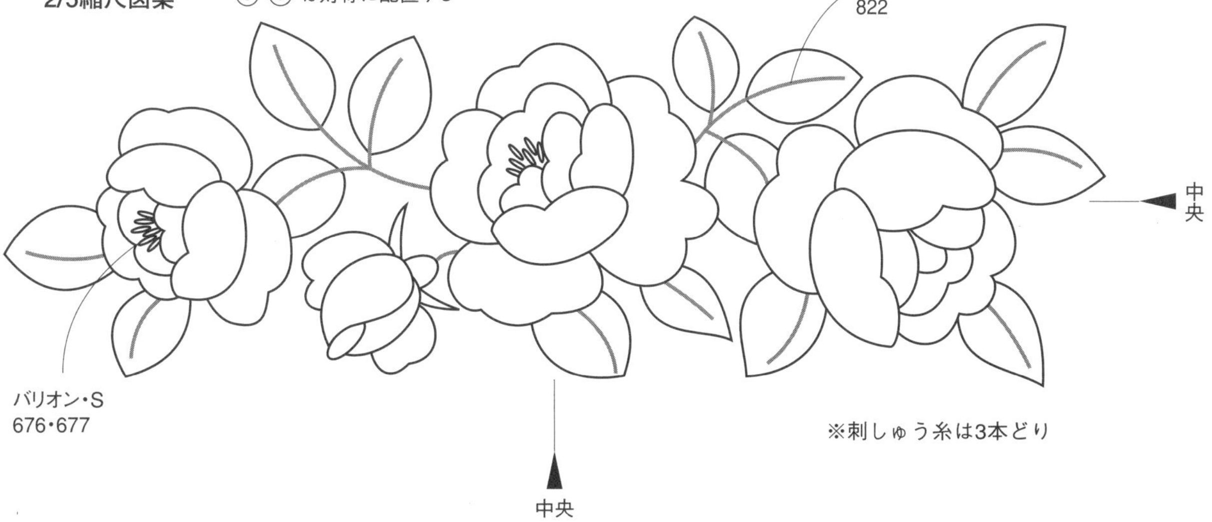

アウトライン・S
822

中央

バリオン・S
676・677

※刺しゅう糸は3本どり

中央

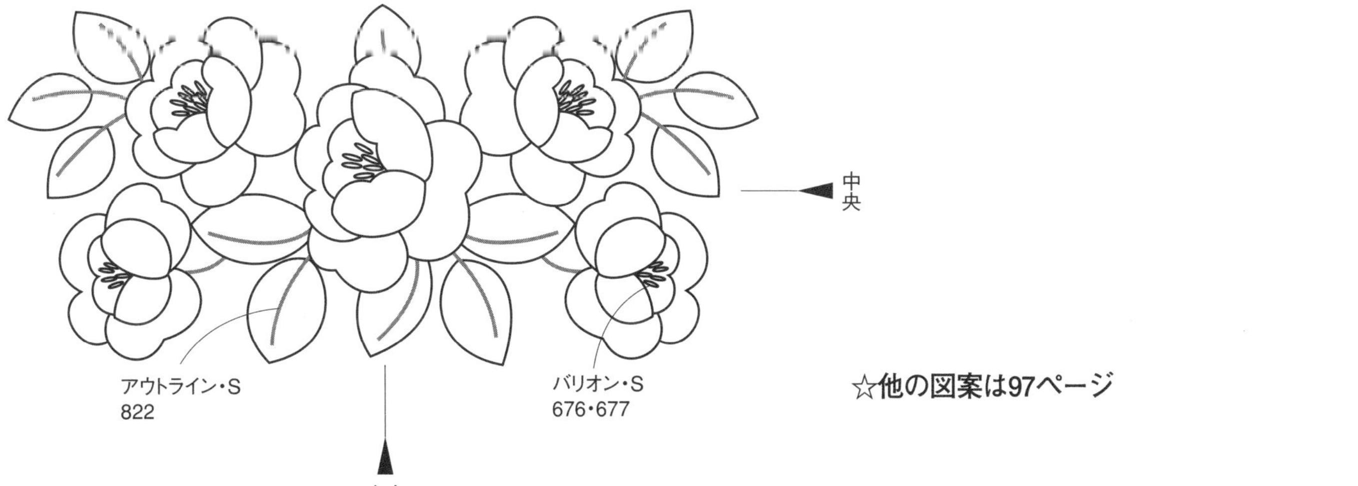

2/5縮尺図案　ⓓ ⓓ' は対称に配置する
中央
アウトライン・S
822
バリオン・S
676・677
中央

☆他の図案は97ページ

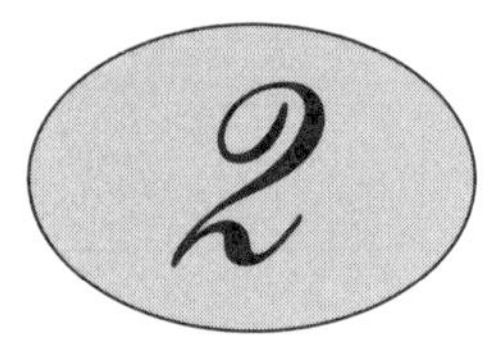

花かごと少女 a flower basket

6ページの作品

●**材料** 土台布…アイボリー無地90×210cm、青緑プリント30×180cm、薄グリーンチェック60×80cm、紺プリント60×25cm、薄グリーン無地110×60cm、薄グリーンプリント20×10cm、裏布70×400cm、パッチワーク・アップリケ布…ブルー系(無地5種、プリント9種、ムラ染め1種)、茶系(無地、ストライプ各1種)、黄系(無地、ムラ染め各1種)、グリーン系(無地、チェック、ムラ染め各2種、プリント9種)、はだ色1種、キルト芯140×200cm、白糸レース(1、1.5、2、4cm幅)、クリーム色レース1.5cm幅、白綿レース1cm幅各適宜、オーガンジーの水色、白各適宜、フエルト白適宜。オリムパス25番刺しゅう糸…202、204、5205各1束。

●**でき上がり寸法** 188×124cm。

●**作り方**

[1]土台布にアップリケと刺しゅうをします。
[2]サイドのパッチワーク部分をします。
[3]全体をまとめてはぎ合わせます。
[4]キルティングラインを引き、トップと裏布の間にキルト芯をはさんでしつけをします。
[5]キルティングをします。
[6]周囲を1cm幅にバインディングして仕上げます。

アップリケキルト配置図

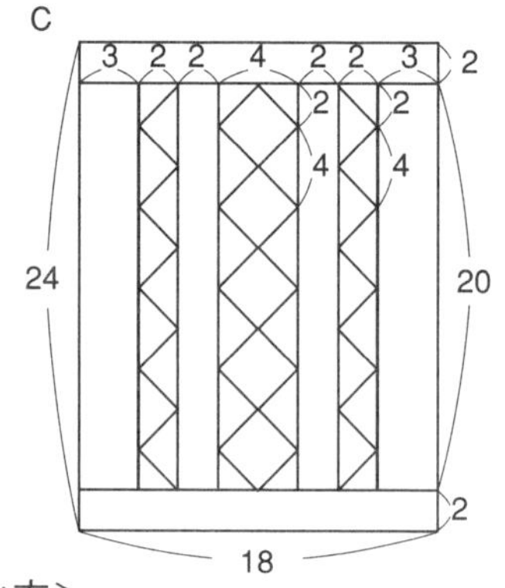

1 バインディング

N 5 M 10 D M 2 2 8 19 E 19 18 B B´ 8 18 J 2 8 10 G A 10 G 56 76 176 4 H H I I L L C C 10 24 56 K 120 188 B´ B L L 4 H H 76 56 F 56 F 8 2 J E D E 18 5 N 5 M 51 K 51 M N 124

C 3 2 2 4 2 2 3 2 2 2 4 4 24 20 2 18

<縫い方>

D 3 2 2.5 3 2.5 2 3 3 3 6 18 18 18

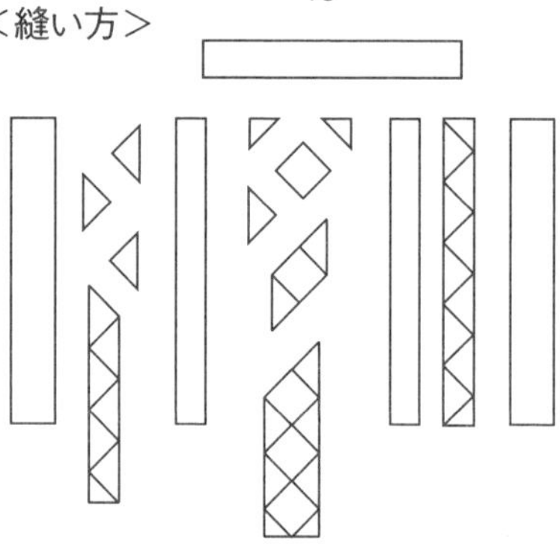

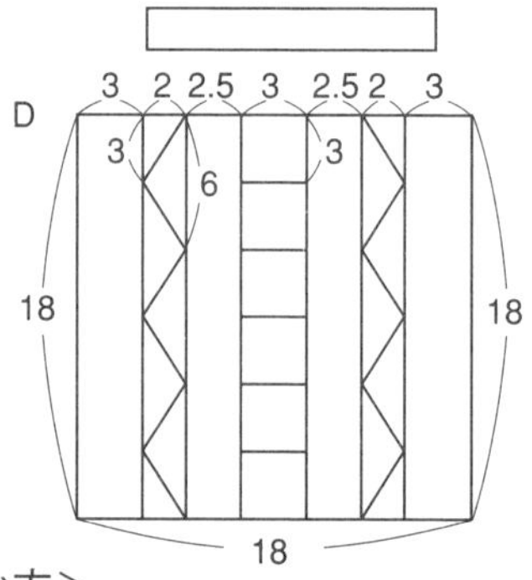

<縫い方>

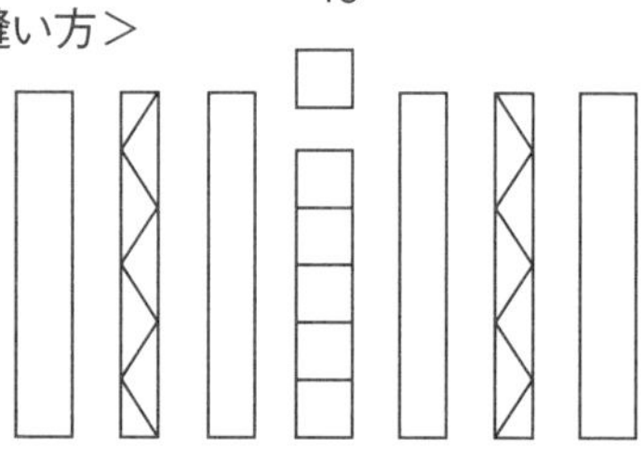

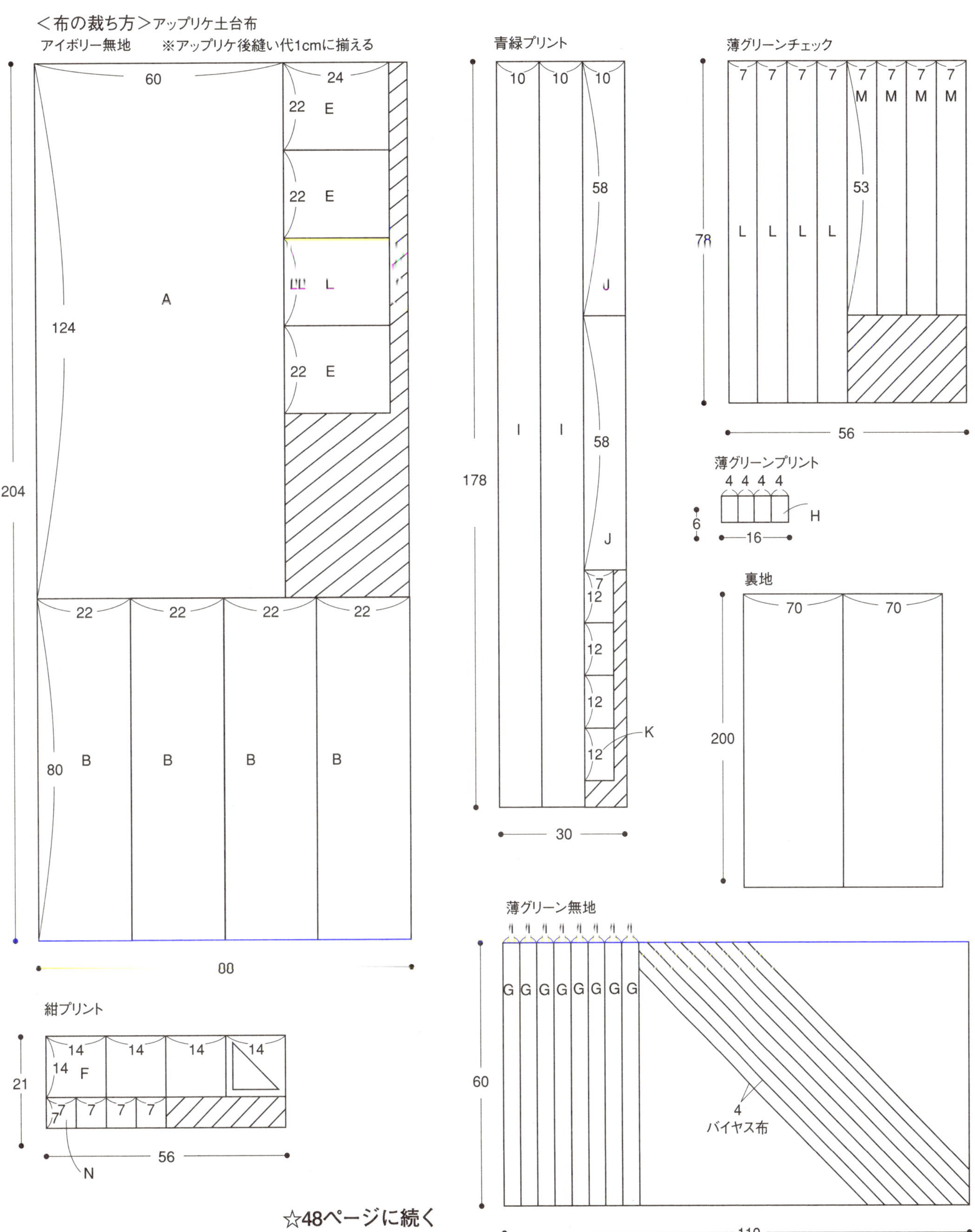
＜布の裁ち方＞アップリケ土台布
アイボリー無地　※アップリケ後縫い代1cmに揃える
60
24
22 E
22 E
22 E
22 E
A
124
204
22
22
22
22
80 B
B
B
B
88
青緑プリント
10
10
10
58
J
I
I
58
J
178
7
12
12
12
12
K
30
薄グリーンチェック
7 7 7 7 7 7 7 7
M M M M
53
L L L L
78
56
薄グリーンプリント
4 4 4 4
6
H
16
裏地
70
70
200
紺プリント
14 14 14 14
14 F
21
7 7 7 7
N
56
薄グリーン無地
G G G G G G G G
60
4
バイヤス布
110

☆48ページに続く

☆47ページからの続き

☆47ページからの続き

＜仕立て方＞

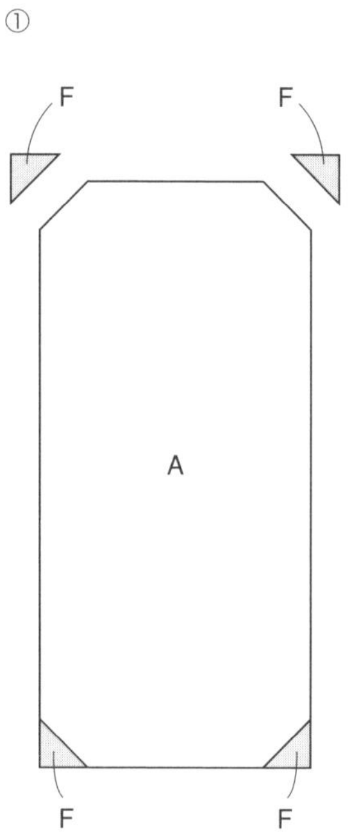

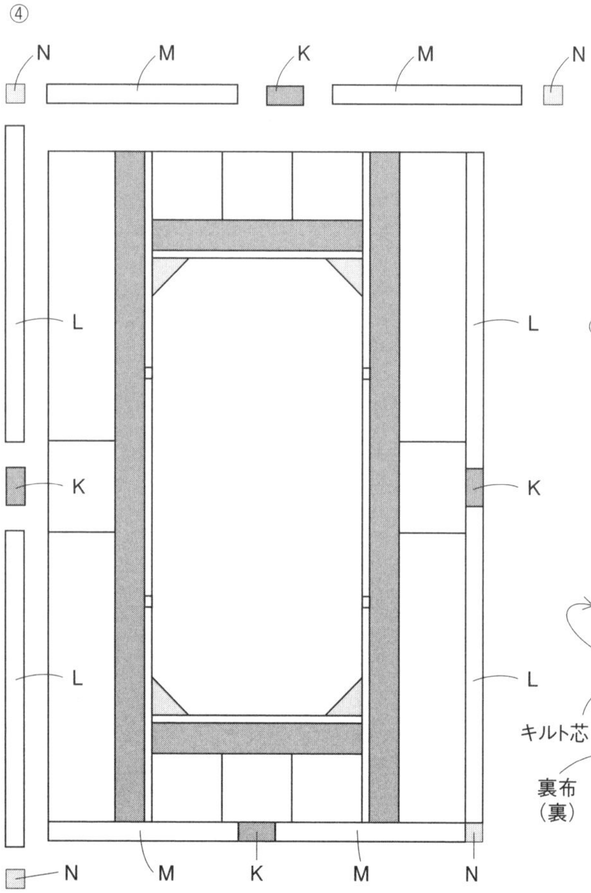

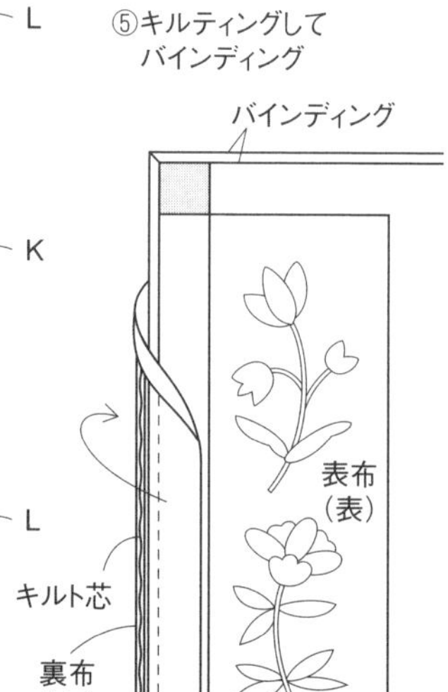

①

F F A F F

②

E D E J G G J E D E

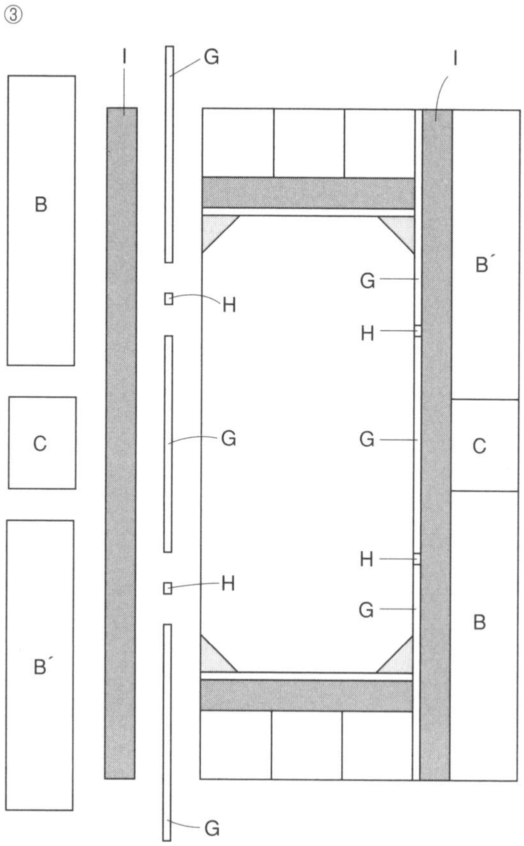

③

I G B B´ C C B B´ G H H G G H H G G I

④

N M K M N L L K K L L M K M N N

⑤キルティングしてバインディング

バインディング

表布（表）

キルト芯

裏布（裏）

でき上がり図

188

124

1／4縮尺　B図案　400%に拡大
B'図案は対称

1／5縮尺　A図案
500%に拡大

レースの花 a
アウトライン・S
202　204
オーガンジーの花 a
レースの花 b
サテン・S
5205
レース
レース
オーガンジーの花 b
レースの花 b
レースの花 a
オーガンジーの花 a

☆レース・オーガンジーの花は53ページ、
E図案とキルティングラインは
98ページ

3 フラワーモチーフ flower designs

8ページの作品

●材料　土台布…ブルーモアレ110×330cm、水色チェック110×380cm、グレーモアレ110×90cm、裏布90×880cm、パッチワーク・アップリケ布…ブルー系(プリント6種、モアレ1種、チェック3種)、茶系(プリント2種、モアレ1種、チェック1種)、グレー系プリント2種、ベージュ系(プリント2種、モアレ1種、チェック3種)、キルト芯240×240cm、オリムパス25番刺しゅう糸…312-3束、734、742、484各1束。

●でき上がり寸法　286×226cm。

●作り方

[1]土台布を裁ち、図案を400%に拡大して写し、アップリケと刺しゅうをします。

[2]パッチワークのモチーフを仕上げます。

[3]ジョイント部分の布を裁ち、トップをはぎ合わせます。

[4]キルティングラインを引きます。

[5]裏布とトップの間にキルト芯をはさみ、しつけをしてキルティングをします。

[6]周囲を1cm幅のバインディングをして仕上げます。

＜布の裁ち方＞　ブルーモアレ　※縫い代は1cmに揃える

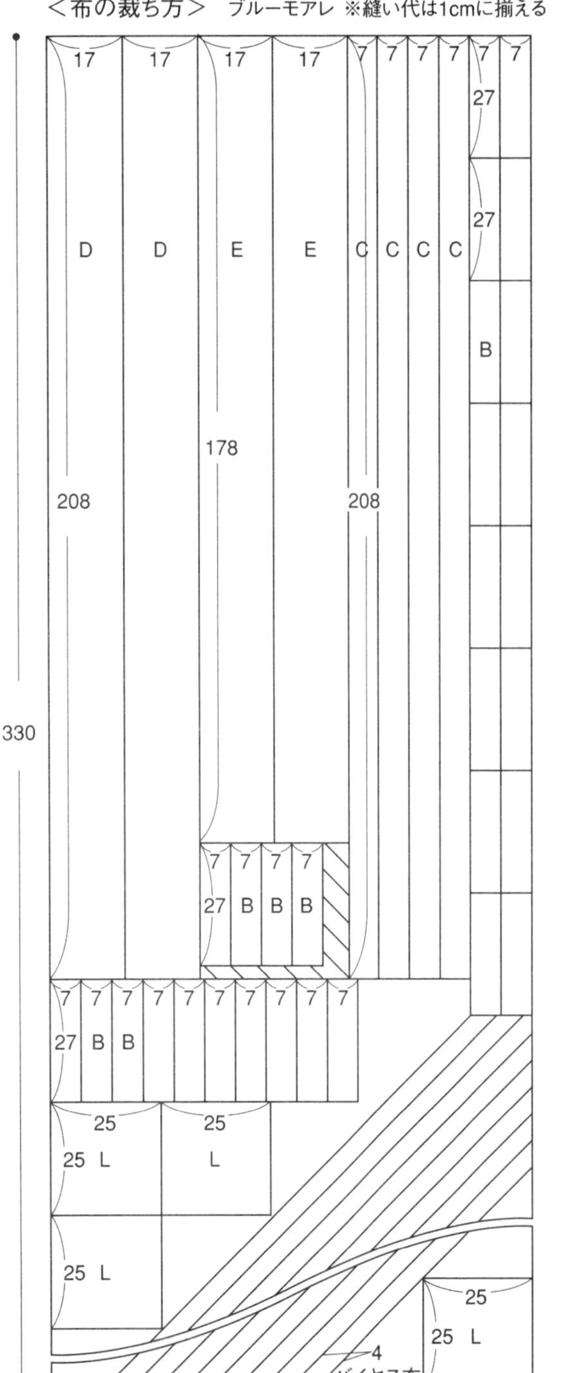

17
17
17
17
7
7
7
7
7
7
27
27
D
D
E
E
C
C
C
C
B
178
208
208
330
7
7
7
7
27
B
B
B
7
7
7
7
7
7
7
7
7
7
27
B
B
25
25
25
L
L
25
L
25
25
L
4
バイヤス布
110

アップリケ土台布・水色チェック

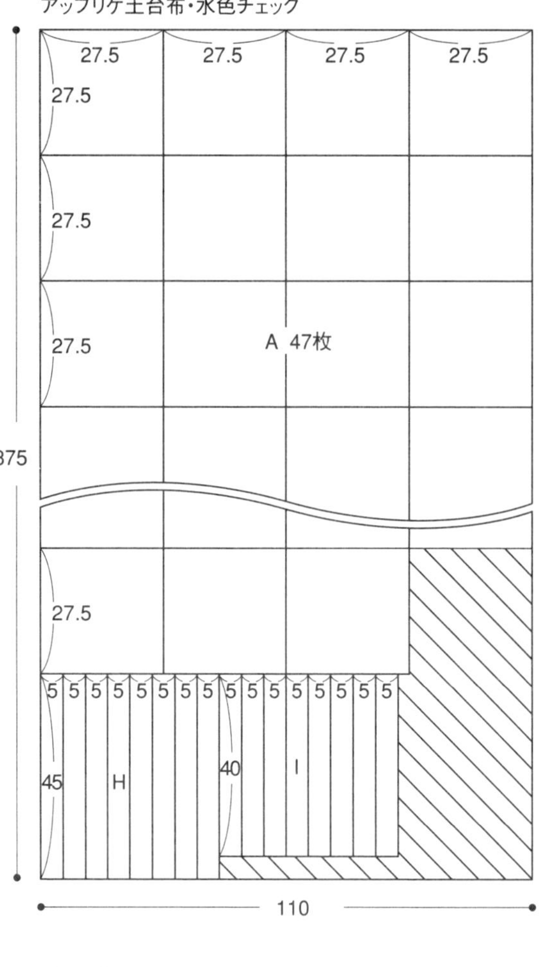

27.5
27.5
27.5
27.5
27.5
27.5
27.5
A 47枚
375
27.5
5
45
H
40
I
110

グレーモアレ

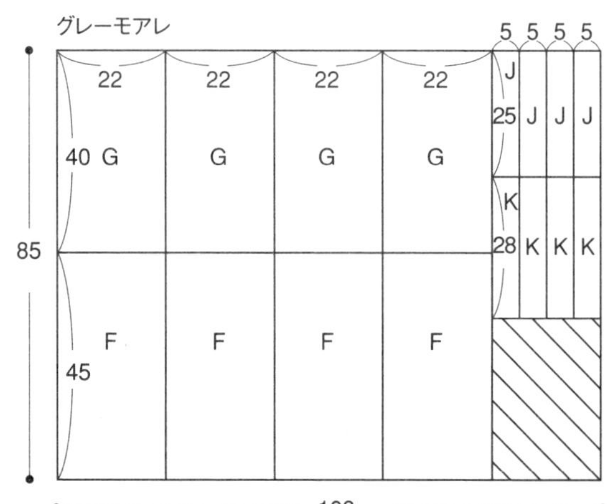

5 5 5 5
22
22
22
22
J
25
J
J
J
40 G
G
G
G
K
28
K
K
K
85
F
F
F
F
45
108

アップリケキルト配置図

3
3
J
I
A
ⓞ
ⓞ
1 バインディング
I
J
22
37
19
L
K
22
19
ⓠ
G
G
I ⓠ
L
K
3
I
E
174
キルティング
14.5
25
5
14.5
25
J
H
F
F
14.5
C
A
B
D
H
286
205
A
落とし
キルト
A
3
H
F
F
H
14.5
E
アップリケの周囲に
キルティング
3
I
I
H
H
37
ⓠ
G
ⓠ
G
22
L
L
19
22
I
226
I
ⓞ
ⓞ

☆52ページに続く

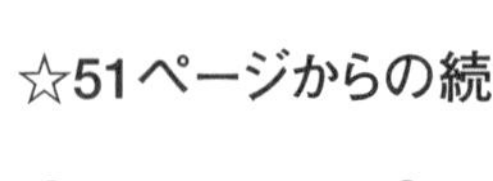
☆51ページからの続き

①
A
B
ⓘ ⓗ ⓕ ⓓ ⓙ ⓗ ⓘ

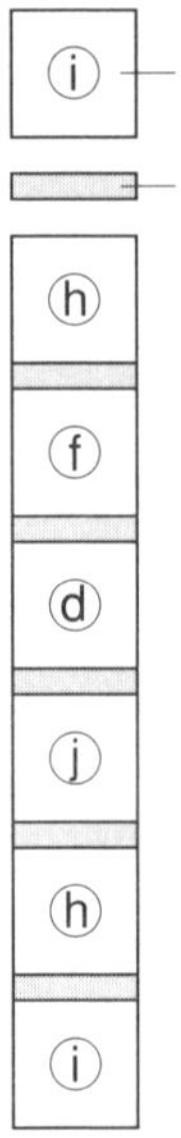

②
C
ⓖ ⓔ ⓒ ⓑ ⓒ ⓔ ⓖ
ⓕ ⓓ ⓑ ⓐ ⓑ ⓓ ⓕ

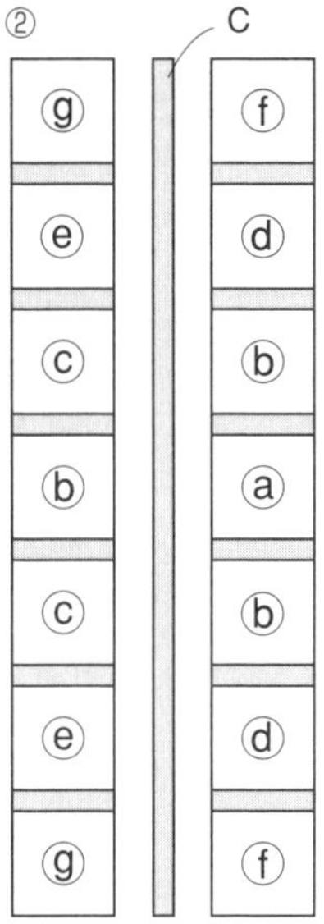

③
E
D
ⓕ ⓓ ⓑ ⓐ ⓑ ⓓ ⓕ
ⓖ ⓔ ⓒ ⓑ ⓒ ⓔ ⓖ
ⓘ ⓗ ⓙ ⓓ ⓕ ⓗ ⓘ
D
E

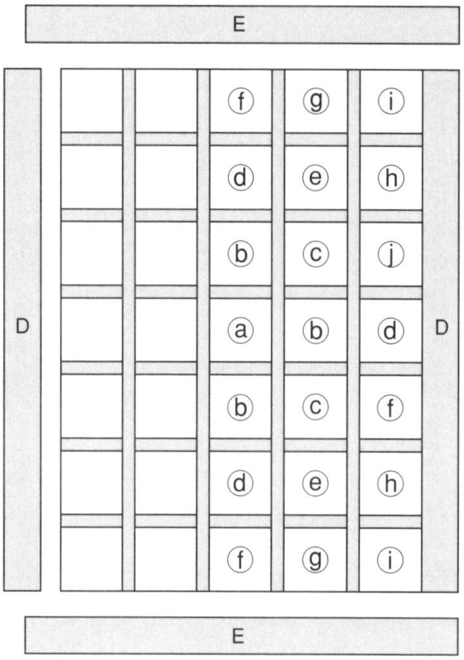

④
J
K
L
F
H
H

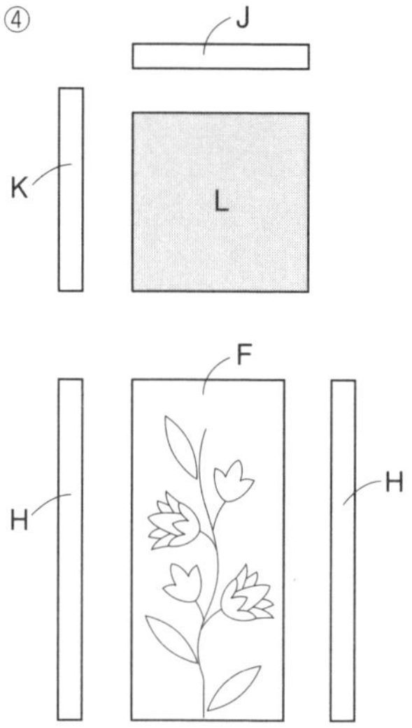

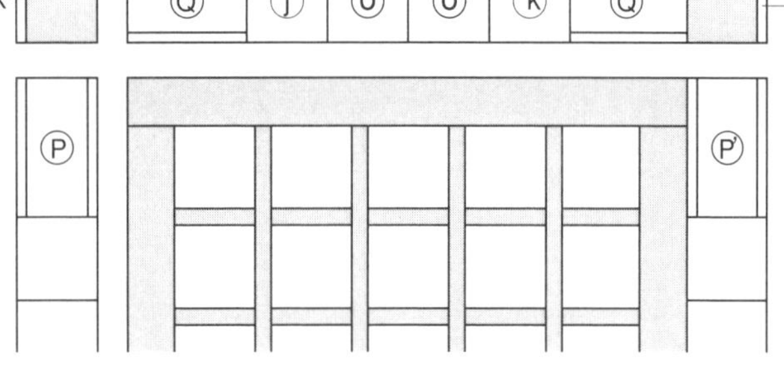
⑤
J
I
I
J
K
K
Q'
j
o
o
k
Q
P
P'

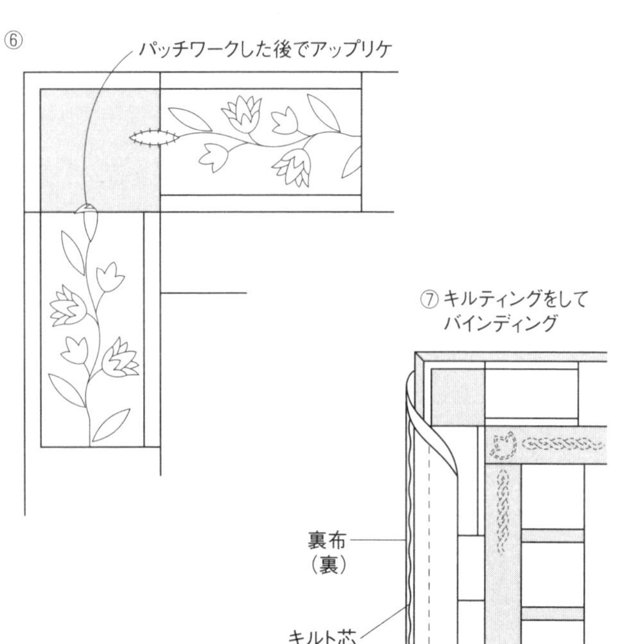
⑥
パッチワークした後でアップリケ
⑦キルティングをして
バインディング
裏布
（裏）
キルト芯

でき上がり図
286
226

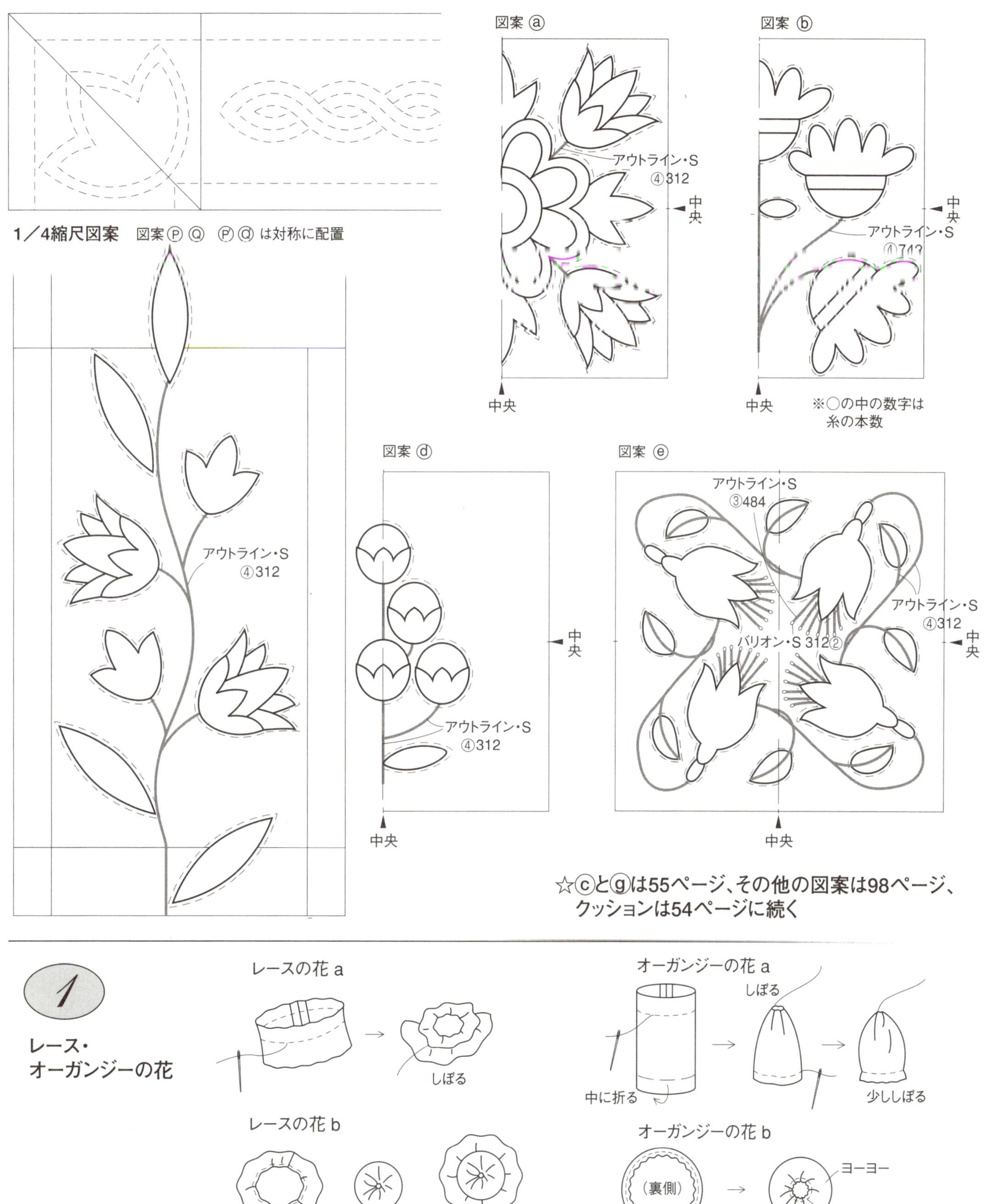
1／4縮尺　キルティングライン
1／4縮尺図案
図案 ⓐ
アウトライン・S
④312
中央
図案 ⓑ
アウトライン・S
④712
中央
※○の中の数字は
糸の本数
1／4縮尺図案　図案ⓅⓆ　Ⓟ'Ⓠ' は対称に配置
アウトライン・S
④312
図案 ⓓ
アウトライン・S
④312
中央
図案 ⓔ
アウトライン・S
③484
アウトライン・S
④312
バリオン・S 312②
中央
☆ⓒとⓖは55ページ、その他の図案は98ページ、
クッションは54ページに続く
1
レース・
オーガンジーの花
レースの花 a
しぼる
レースの花 b
ヨーヨー
ヨーヨーを重ねる
オーガンジーの花 a
しぼる
中に折る
少ししぼる
オーガンジーの花 b
（裏側）
ヨーヨー

☆クッション、53ページからの続き

●**材料(1個分)**　布…グレーモアレ110×90cm、土台布…水色チェック30×30cm、アップリケ布…プリント地適宜(50ページ参照)、キルト芯100×50cm、40cmファスナー1本、パンヤ400g入り中袋41×41cmを1個。
オリムパス25番刺しゅう糸…742、484各少々。

●**でき上がり寸法**　43×43cm

●**作り方**

[1]土台布に図案を写し、アップリケと刺しゅうをします。
[2]額縁布・後布、バイヤス布を裁ちます。
[3]周囲に額縁布をパッチワークします。
[4]キルティングラインを引き、キルト芯を当ててキルティングをします。
[5]後側もキルト芯を当ててキルティングをします。
[6]ファスナーを付けます。
[7]外表に前後布を重ね、周囲をバイヤス布で1cmのバインディングをします。

クッションA前側配置図

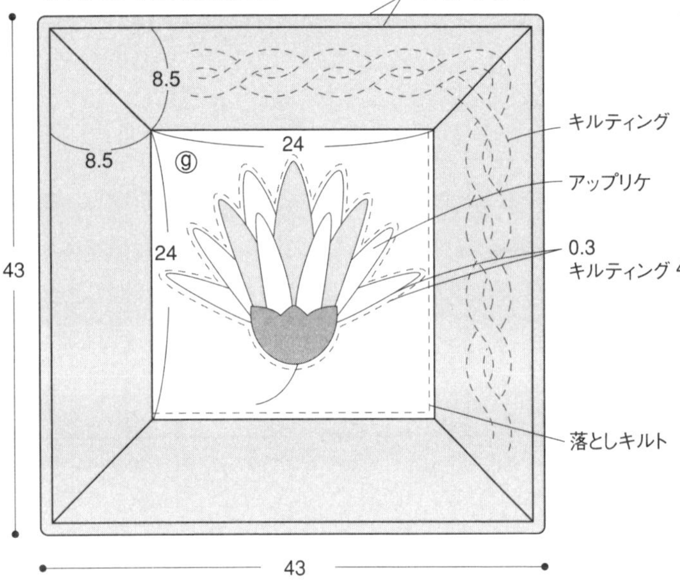

1バインディング
8.5
8.5
24
ⓖ
24
キルティング
アップリケ
0.3
キルティング
落としキルト
43
43

クッションB

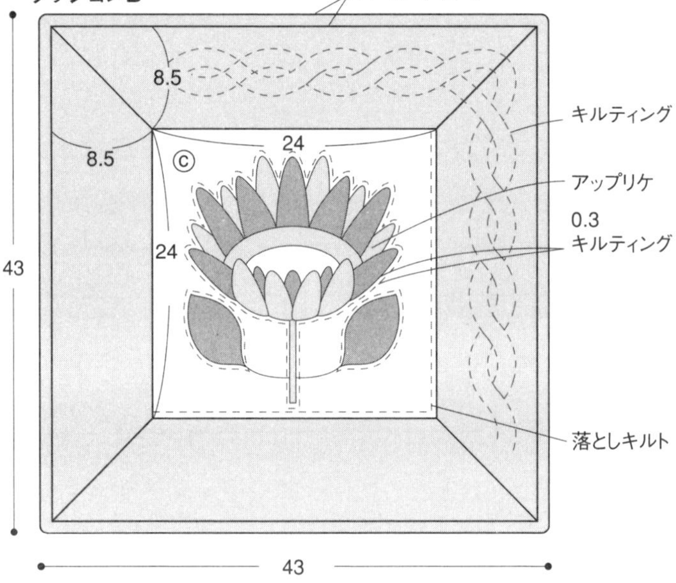

1バインディング
8.5
8.5
24
ⓒ
24
キルティング
アップリケ
0.3
キルティング
落としキルト
43
43

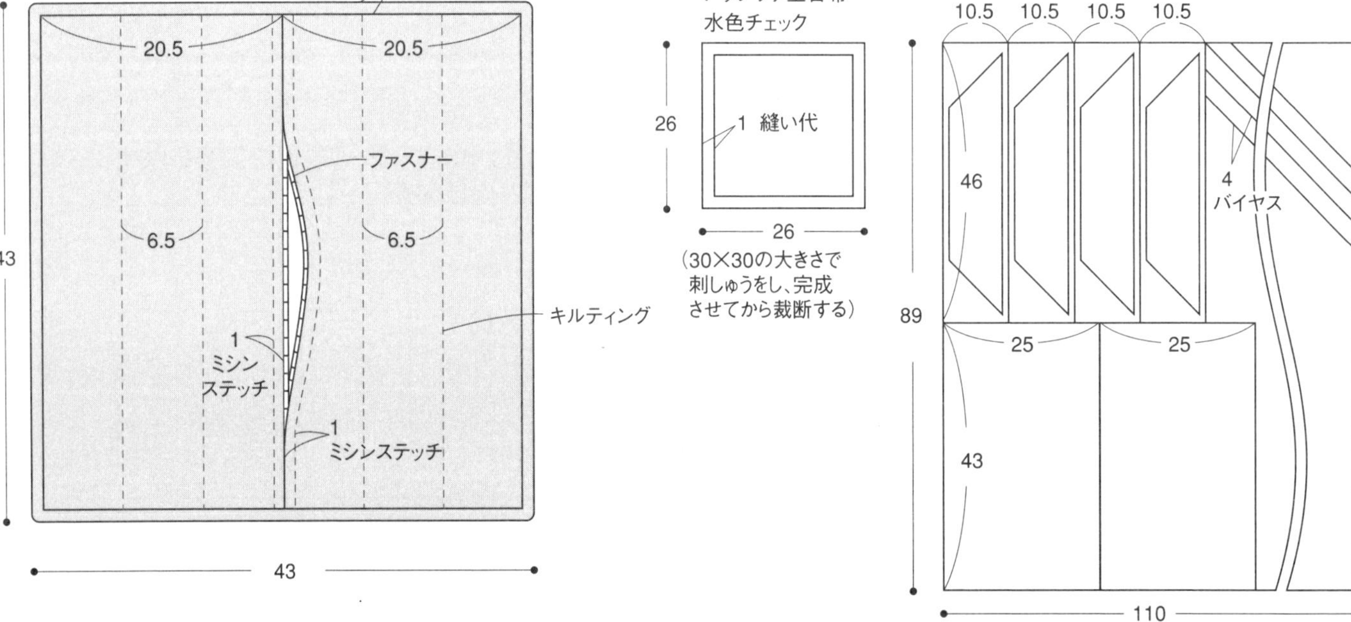
後側（A・B共通）
1バインディング
20.5
20.5
ファスナー
6.5
6.5
キルティング
1
ミシン
ステッチ
1
ミシンステッチ
43
43
<布の裁ち方>
アップリケ土台布
水色チェック
26
1　縫い代
26
（30×30の大きさで
刺しゅうをし、完成
させてから裁断する）
グレーモアレ
10.5
10.5
10.5
10.5
46
4
バイヤス
25
25
43
89
110

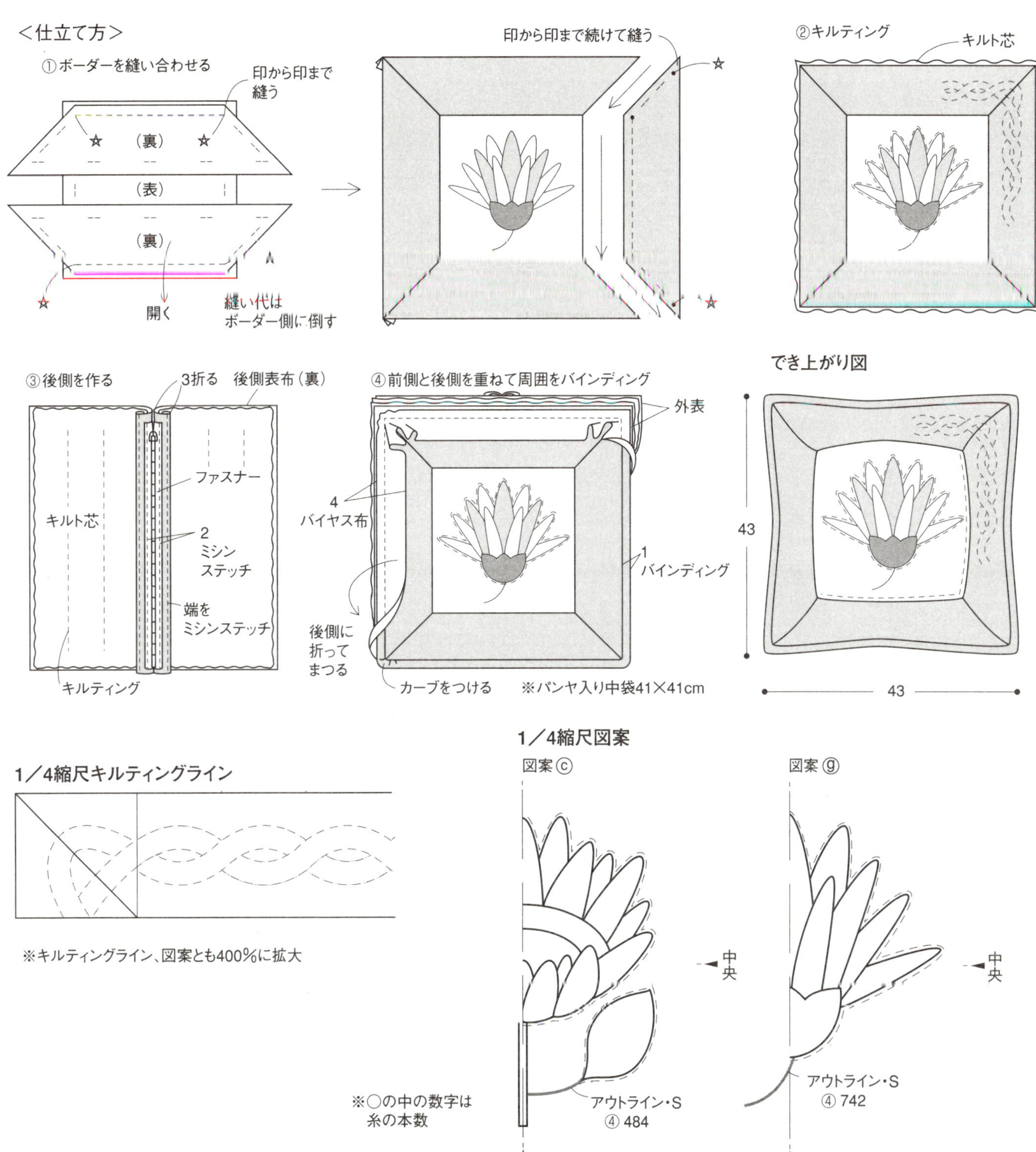

＜仕立て方＞
①ボーダーを縫い合わせる
印から印まで縫う
（裏）
（表）
（裏）
開く
縫い代はボーダー側に倒す
印から印まで続けて縫う
②キルティング
キルト芯
③後側を作る
3折る
後側表布（裏）
ファスナー
キルト芯
2
ミシンステッチ
端をミシンステッチ
キルティング
④前側と後側を重ねて周囲をバインディング
外表
4
バイヤス布
1
バインディング
後側に折ってまつる
カーブをつける
※パンヤ入り中袋41×41cm
でき上がり図
43
43
1／4縮尺図案
図案ⓒ
図案ⓖ
中央
アウトライン・S
④ 484
アウトライン・S
④ 742
※○の中の数字は糸の本数
1／4縮尺キルティングライン
※キルティングライン、図案とも400％に拡大

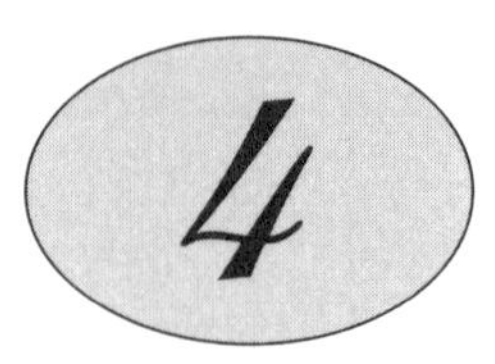

パンジー pansies

✳✳✳✳✳✳✳✳
10ページの作品
✳✳✳✳✳✳✳✳

●**材料**　土台布…アイボリームラ染め90×45cm、アップリケとまちのパッチワーク用布…ブルー系（プリント6種、無地・チェック各1種）、フジ色系（無地2種、プリント・チェック各1種）、グリーン系（プリント布1種、無地5種）、裏布…ブルーチェック90×45cm、キルト芯60×85cm、黄フエルト少々。
DMC25番刺しゅう糸…グリーン系（471-1束）。

●**でき上がり寸法**　28×27×9cm。

●**作り方**

[1]土台布を裁ち、図案を200%に拡大して写し、アップリケと刺しゅうをします。
[2] 前側と後側にキルティングラインを引き、表布と裏布の間にキルト芯をはさみ、しつけをしてからキルティングをします。
[3] 持ち手を作ります。
[4] まち部分は5×5cmの布81枚をパッチワークをしてから、[3]と同様にキルティングをします。
[5] まちと前後布を中表に合わせて縫い、縫い代は表布の縫い代でくるんで始末します。
[6] 持ち手は口に仮とじし、口部分をバインディングして始末し、中敷を作って入れます。

バッグ前側配置図

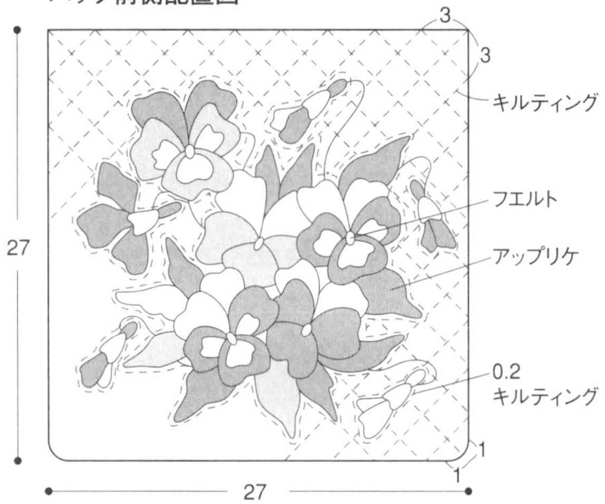

3　3　キルティング　フエルト　アップリケ　0.2 キルティング　27　27　1　1

後側

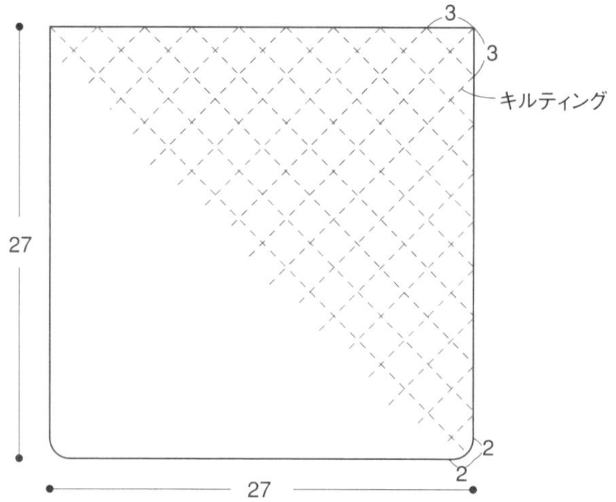

3　3　キルティング　27　27　2　2

まち

3　3　9　3　3　キルティング　81

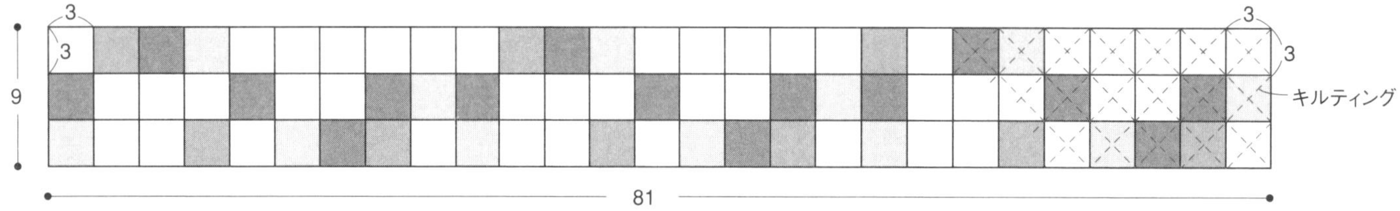

<布の裁ち方>

表布　アイボリームラ染め

31　31　2 縫い代　31　前側　後側　44　82　持ち手　7　7　3　3　バインディング用布

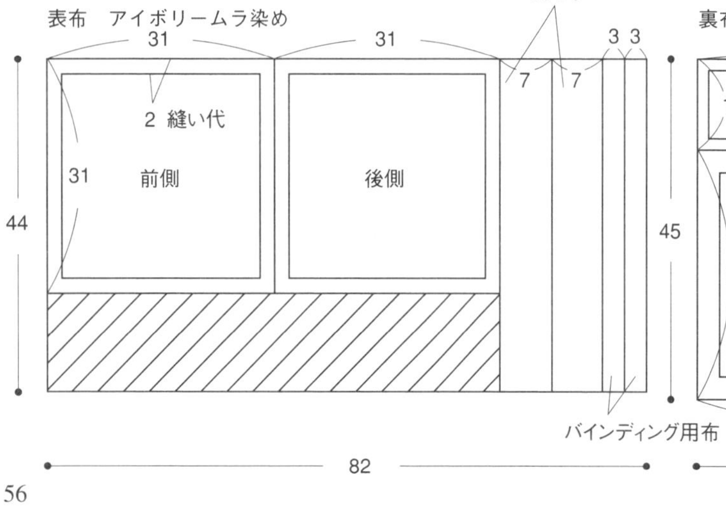

裏布　ブルーチェック

85　1.5 縫い代　12　まち　3 縫い代　33　前側　後側　45　33　33　13　10　30　26　中敷　90

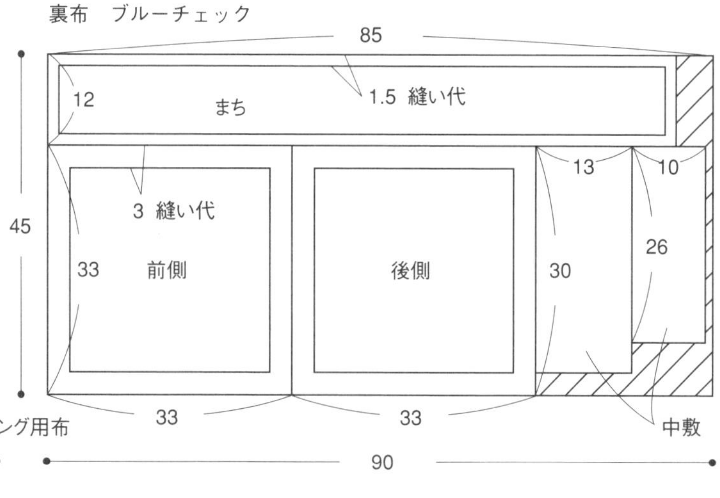

<仕立て方>

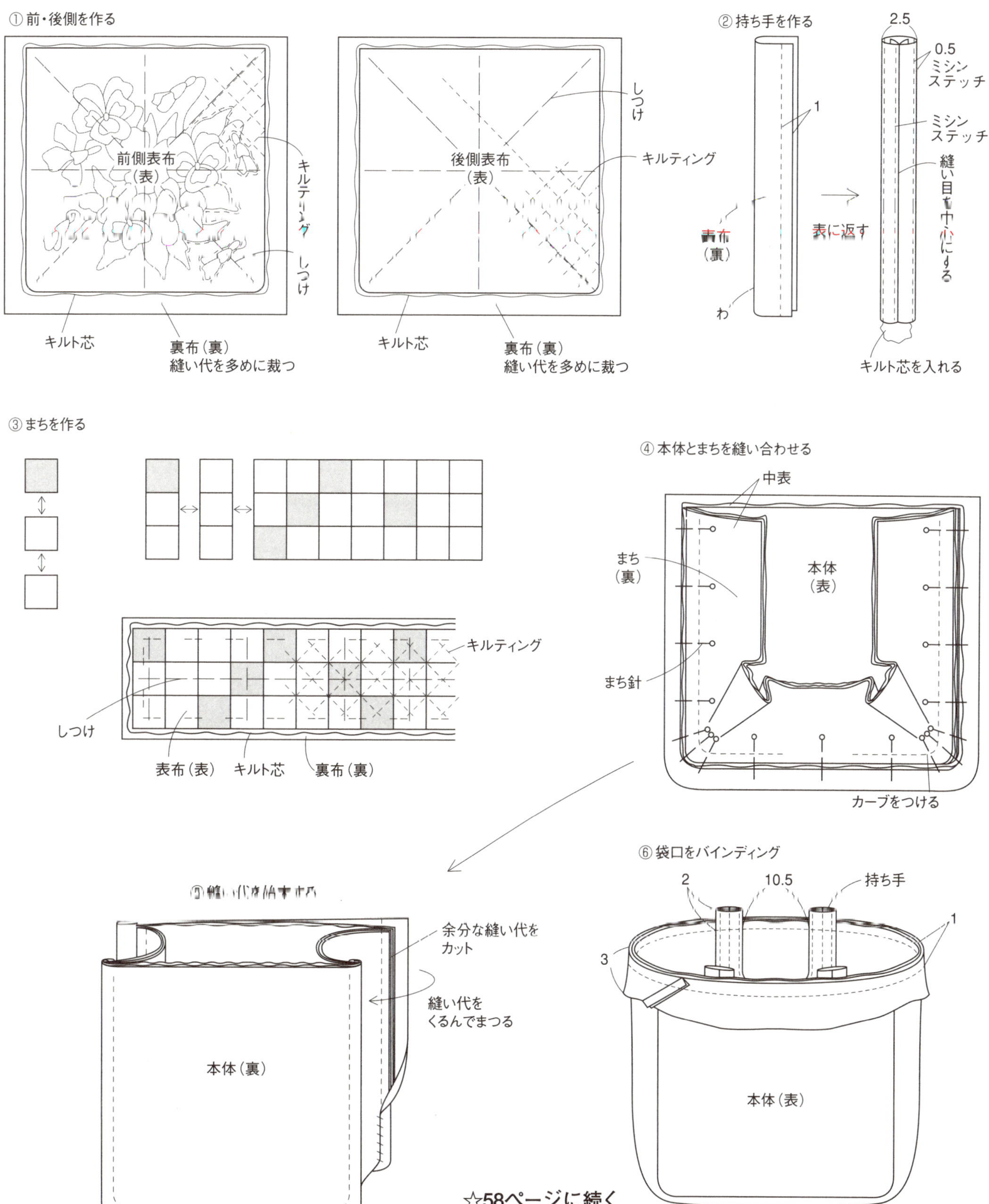

①前・後側を作る
前側表布
(表)
キルティング
しつけ
キルト芯
裏布(裏)
縫い代を多めに裁つ
後側表布
(表)
しつけ
キルティング
キルト芯
裏布(裏)
縫い代を多めに裁つ
②持ち手を作る
1
表布
(裏)
わ
表に返す
2.5
0.5
ミシン
ステッチ
ミシン
ステッチ
縫い目を中心にする
キルト芯を入れる
③まちを作る
キルティング
しつけ
表布(表)
キルト芯
裏布(裏)
④本体とまちを縫い合わせる
中表
まち
(裏)
本体
(表)
まち針
カーブをつける
余分な縫い代を
カット
縫い代を
くるんでまつる
本体(裏)
⑥袋口をバインディング
2
10.5
持ち手
1
3
本体(表)

☆58ページに続く

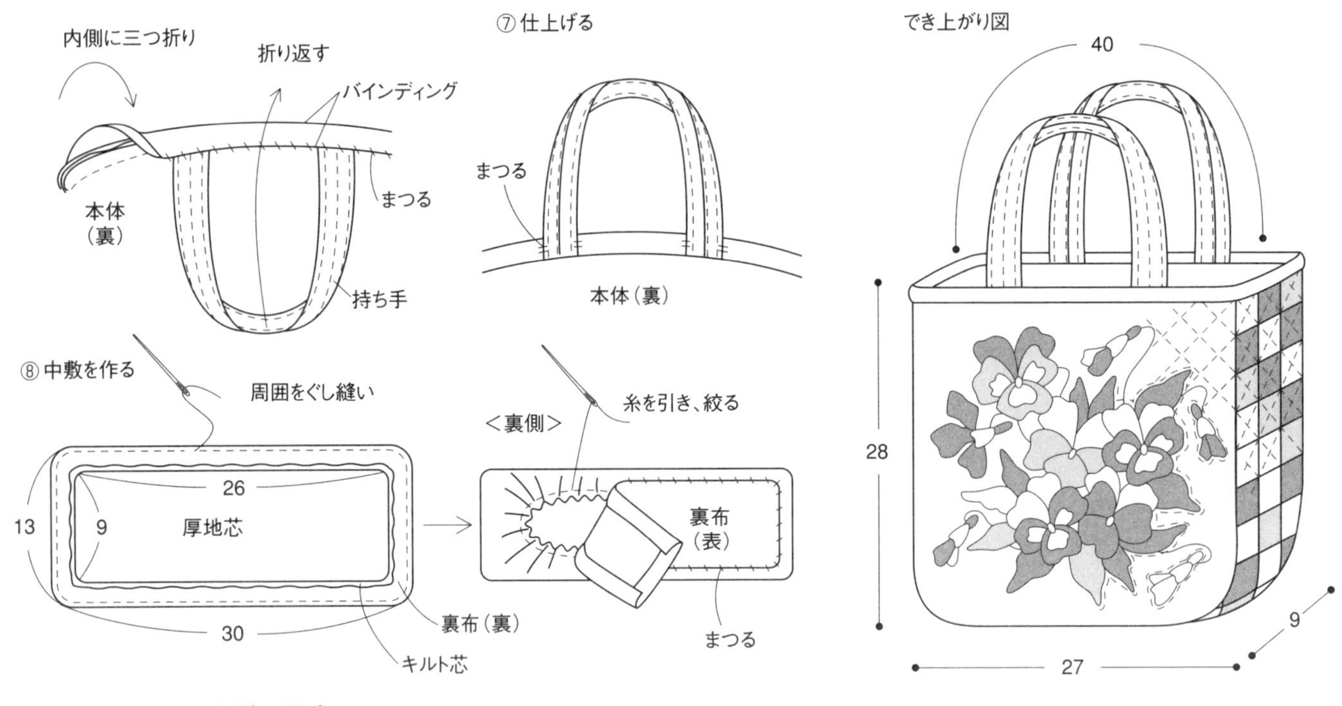
内側に三つ折り
折り返す
バインディング
まつる
本体
(裏)
持ち手
⑦ 仕上げる
まつる
本体(裏)
でき上がり図
40
28
9
27
⑧ 中敷を作る
周囲をぐし縫い
26
13
9
厚地芯
30
裏布(裏)
キルト芯
<裏側>
糸を引き、絞る
裏布
(表)
まつる

1/2縮尺図案

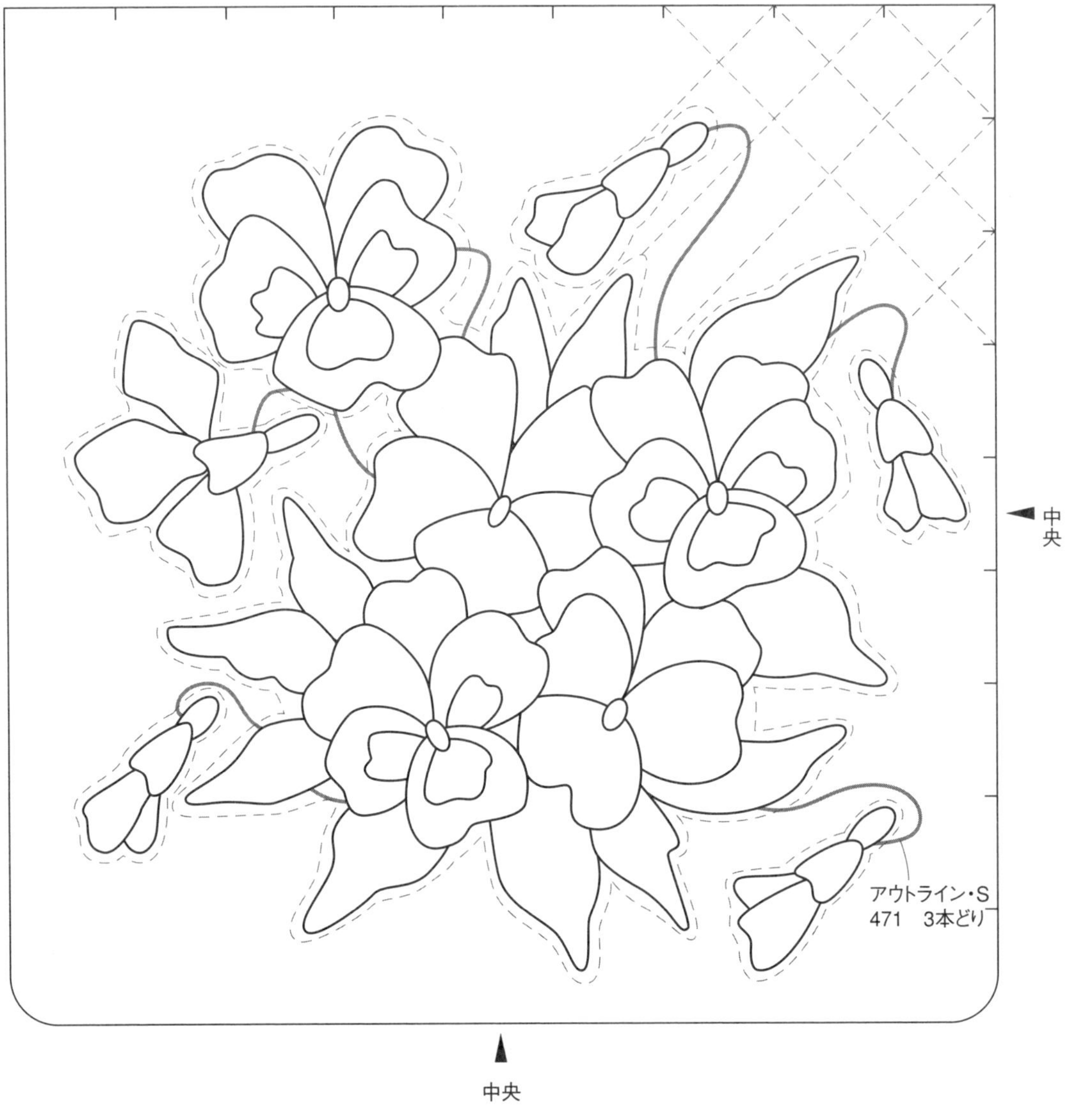

アウトライン・S
471　3本どり

中央

中央

5

アネモネ anemones

11ページの作品

●材料　土台布…紺プリント55×70cm、アップリケ用布…グリーン系（無地3種、プリント2種）、ピンク系（無地2種、プリント1種）、紫系（無地3種、プリント4種）、白、グレー無地各適宜、裏布…紫ギンガムチェック60×70cm、当て布…生成りシーチング70×40cm、キルト芯70×45cm、中敷用厚手芯地24×12cm。
DMC25番刺しゅう糸…320、413各1束。
でき上がり寸法　26×24×12cm。

●作り方
[1]土台布を裁ち、図案を200%に拡大して写し、アップリケと刺しゅうをします。
[2] 前側と後側にキルティングラインを引き、表布と裏布の間にキルト芯をはさみ、しつけをしてからキルティングをします。
[3]トップと当て布の間にキルト芯をはさみ、しつけをしてキルティングをします。
[4]持ち手を作り、図を参照してバッグに仕立てます。

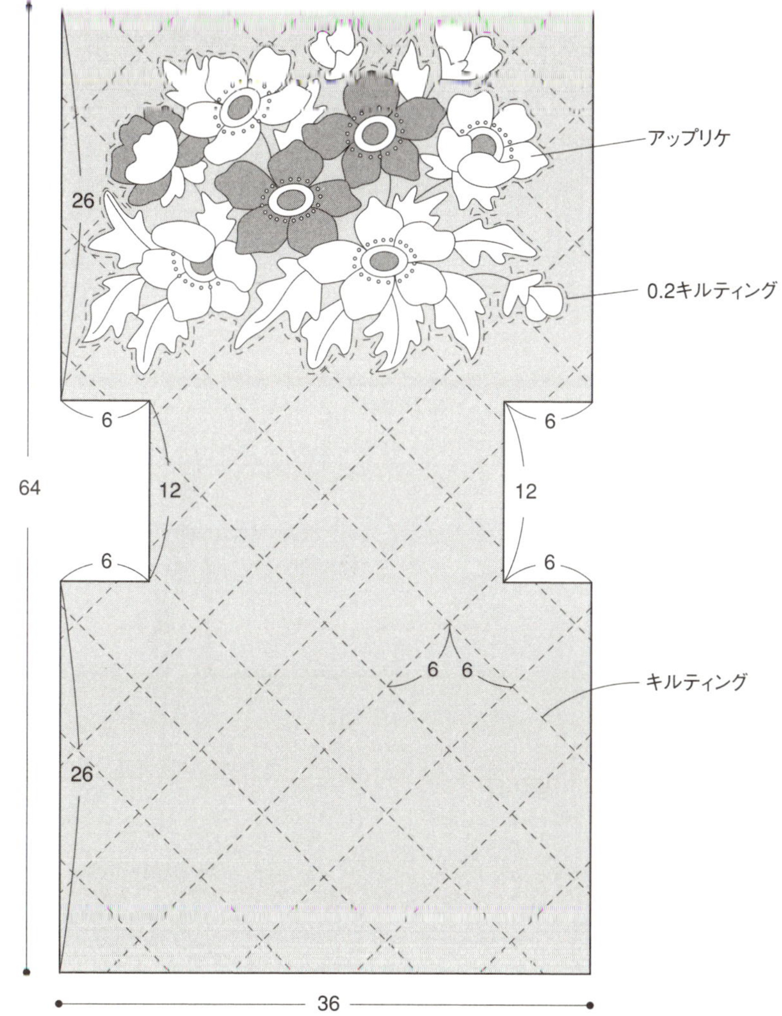
バッグ本体配置図
アップリケ
0.2キルティング
キルティング
26
6
12
6
64
6
6
26
36

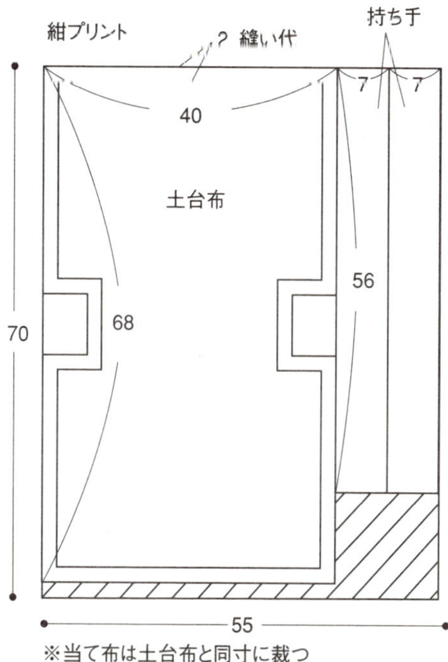
紺プリント
2 縫い代
持ち手
7
7
40
土台布
56
70
68
55
※当て布は土台布と同寸に裁つ

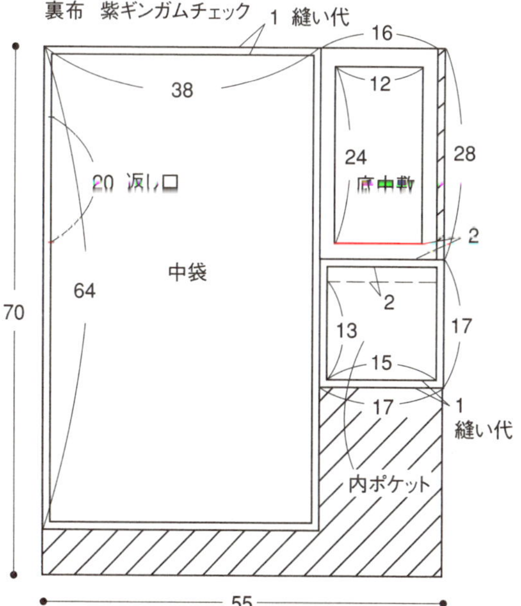
裏布 紫ギンガムチェック
1 縫い代
16
38
12
24
28
20 返し口
底中敷
2
中袋
2
64
70
13
17
15
17
1
縫い代
内ポケット
55

☆60ページに続く

☆59ページからの続き

＜仕立て方＞

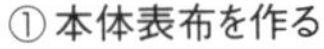
①本体表布を作る

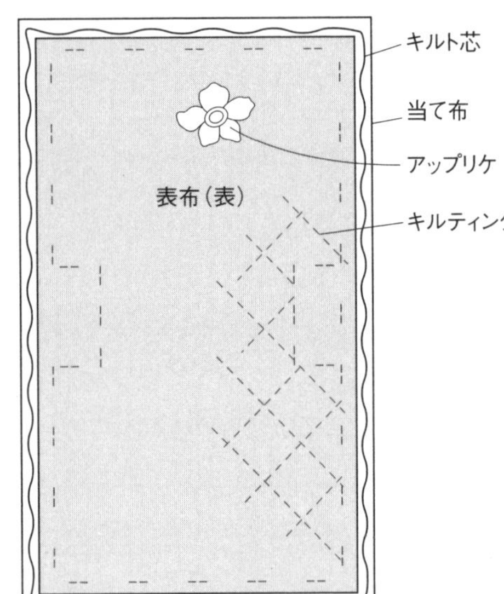
キルト芯
当て布
アップリケ
表布（表）
キルティング

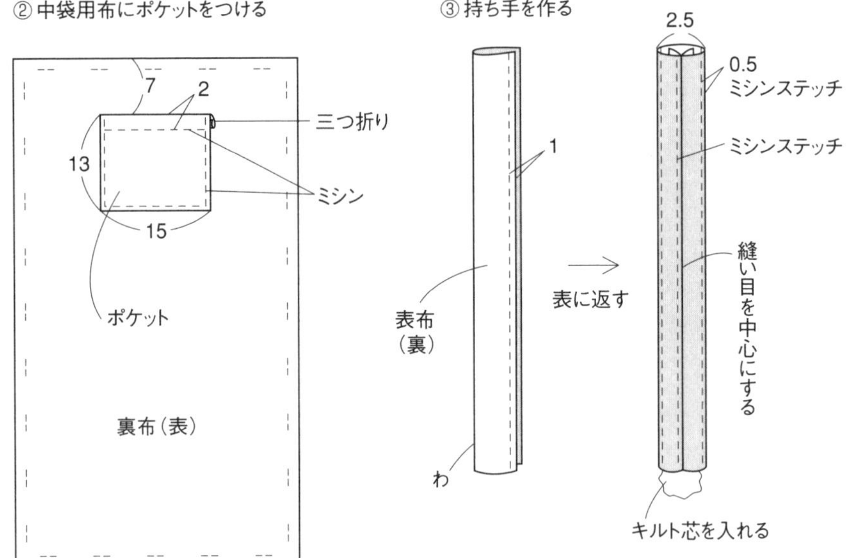
②中袋用布にポケットをつける
7
2
三つ折り
13
ミシン
15
ポケット
裏布（表）
③持ち手を作る
2.5
0.5
ミシンステッチ
ミシンステッチ
1
表布
（裏）
表に返す
縫い目を中心にする
わ
キルト芯を入れる

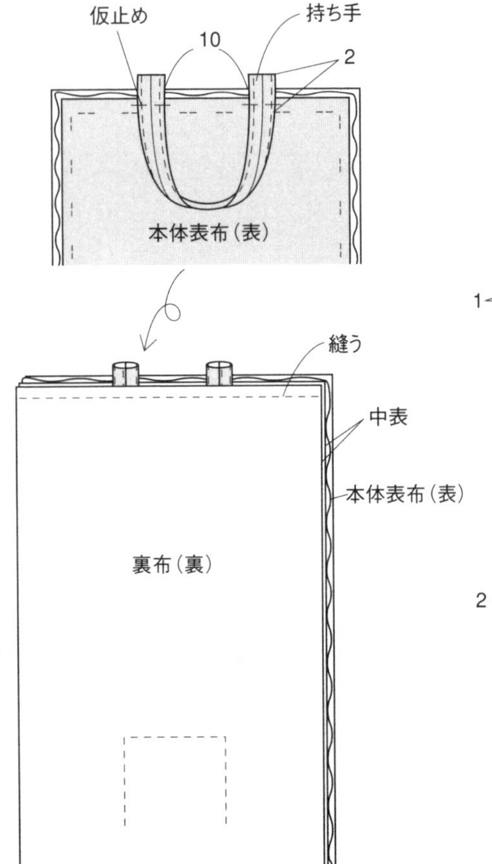
④本体と中袋用布を縫う
仮止め
持ち手
10
2
本体表布（表）
縫う
中表
本体表布（表）
裏布（裏）

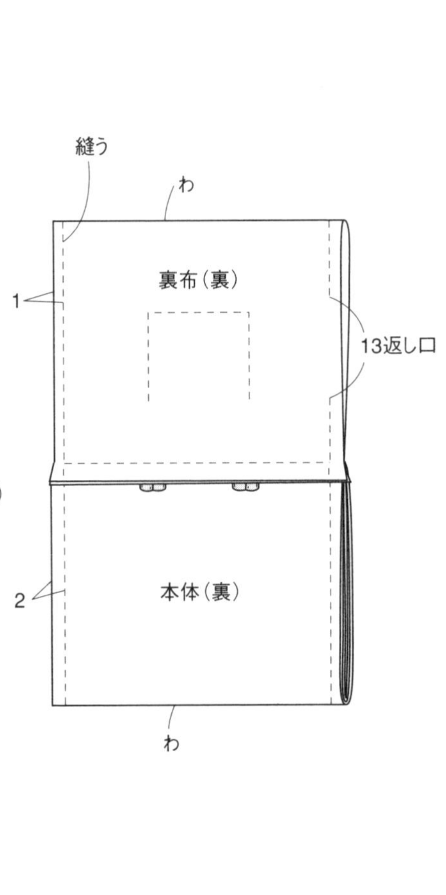
⑤両脇を縫う
縫う
わ
裏布（裏）
1
13返し口
本体（裏）
2
わ

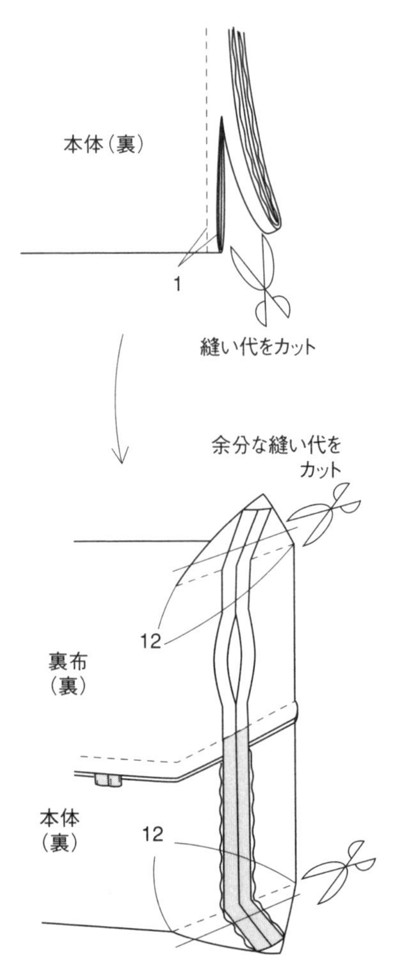
⑥まちを縫う
本体（裏）
1
縫い代をカット
余分な縫い代を
カット
12
裏布
（裏）
本体
（裏）
12

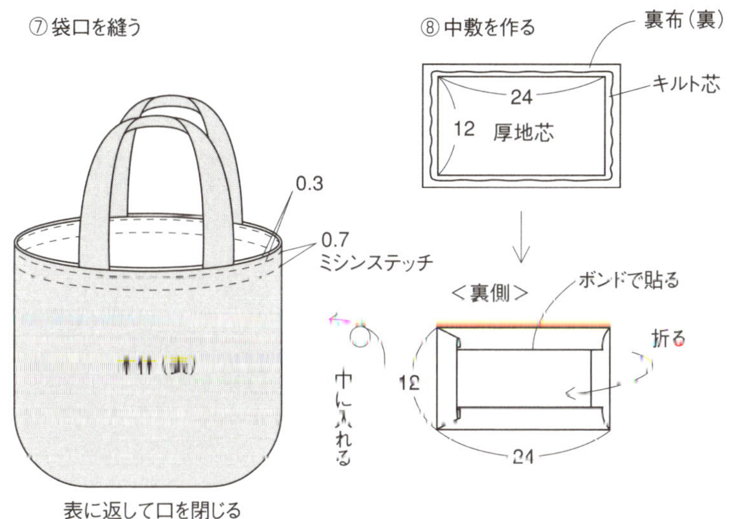
⑦袋口を縫う
0.3
0.7
ミシンステッチ
表に返して口を閉じる
⑧中敷を作る
裏布（裏）
24
キルト芯
12
厚地芯
<裏側>
ボンドで貼る
折る
12
24
中に入れる

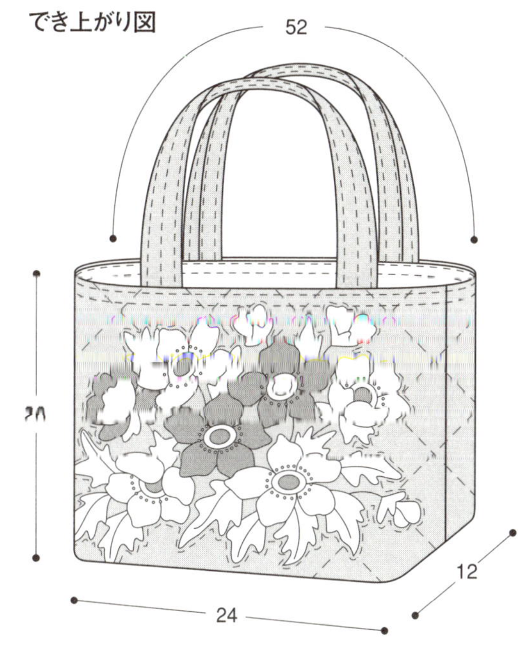
でき上がり図
52
12
24

1／2縮尺図案

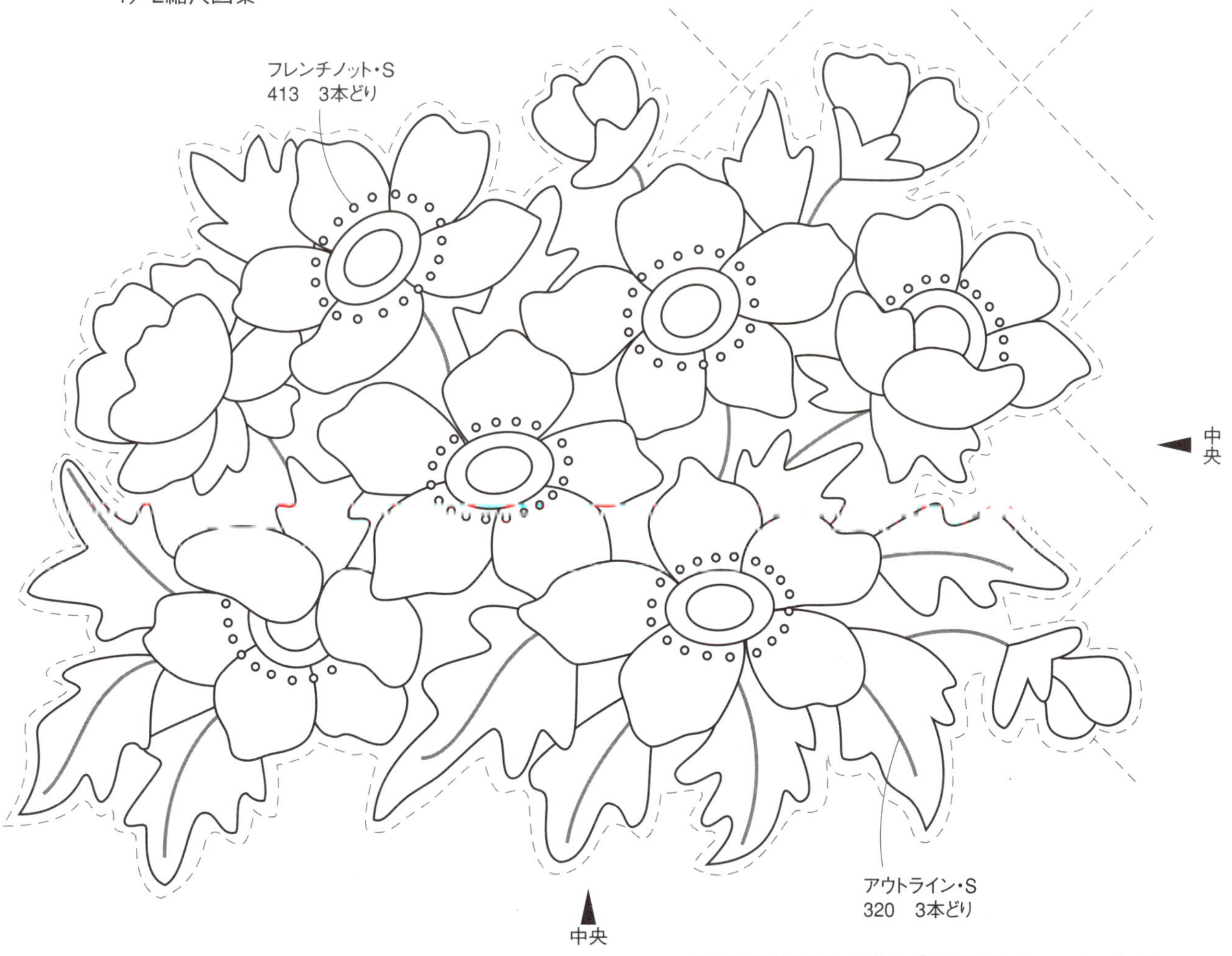

フレンチノット・S
413　3本どり

中央

アウトライン・S
320　3本どり

中央

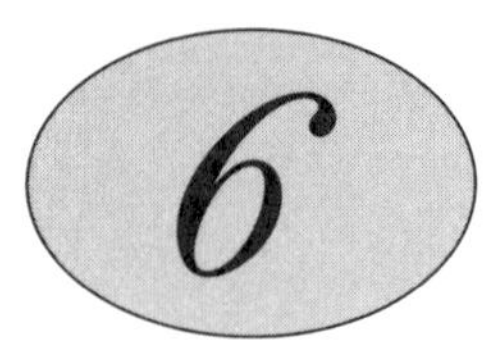
6

ポピー　poppies

✳✳✳✳✳✳✳✳

12ページの作品

✳✳✳✳✳✳✳✳

●材料　布…白綿オーガンジー　150×200cm(テーブルクロス本体)、150×30cm(アップリケ用)。
DMC25番刺しゅう糸…BLANC-4束。

●でき上がり寸法　110×160cm。

●作り方

[1]テーブルクロス本体の縁まわりは、でき上がり寸法に、14cm付けて布を裁ち、表側に折り返して額縁仕立てにします。

[2]スカラップの型紙を作り、縫い代0,7cmを付けて布をカットし、パンチワークでスカラップをとめ付けます。

[3]オーガンジーの中央4カ所の下に図案をおき、布を透かして直接鉛筆でオーガンジーに写し、アップリケをしてパンチワークでとめてから、刺しゅう部分を仕上げます。

[4]周囲の図案も配置し、中央の図案と同要領に仕上げます。

テーブルクロス配置図

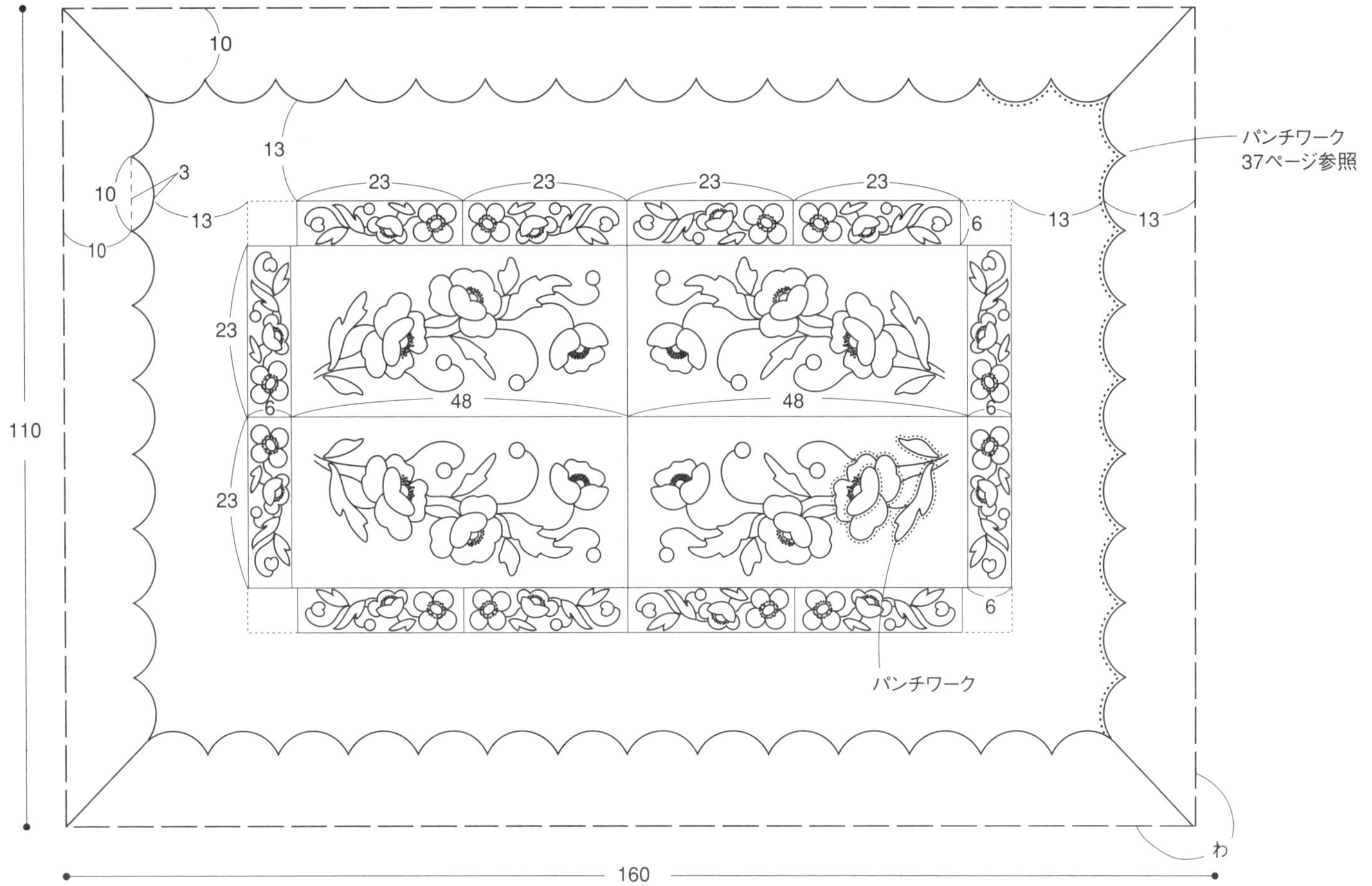

10
13
10
3
10
13
23
23
23
23
6
13
13
パンチワーク
37ページ参照
23
48
48
6
6
110
23
6
パンチワーク
わ
160

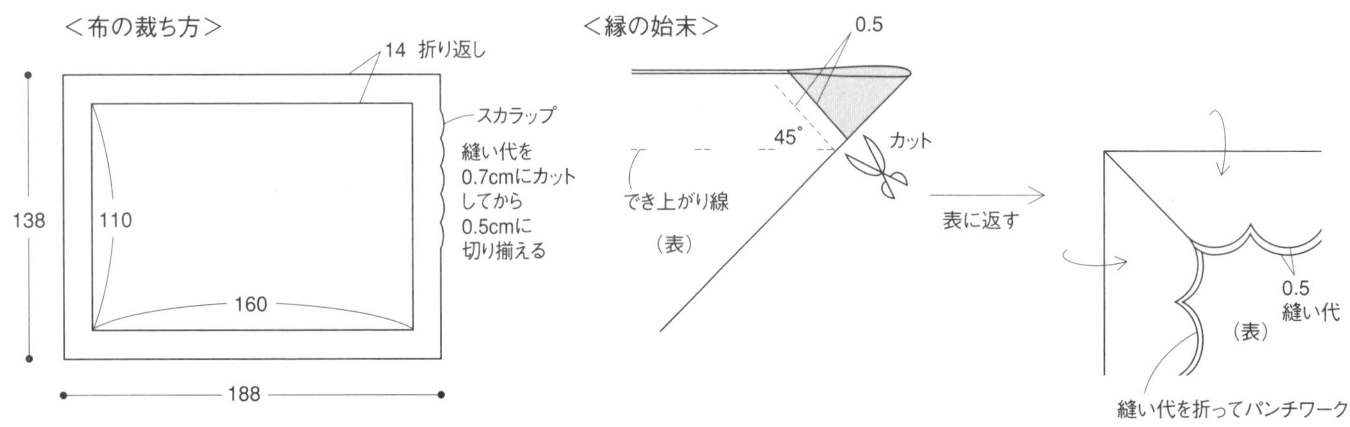
＜布の裁ち方＞
14　折り返し
スカラップ
縫い代を
0.7cmにカット
してから
0.5cmに
切り揃える
138
110
160
188
＜縁の始末＞
0.5
45°
カット
でき上がり線
（表）
表に返す
0.5
縫い代
（表）
縫い代を折ってパンチワーク

1／2縮尺図案　※図案200%に拡大

中心に合わせる

フレンチノット・S

アウトライン・S

※パンチワークは刺しゅう糸1本、
刺しゅうはBLANC4本どり

①各パーツの型紙を厚紙で作ります。

②型紙に5mmの縫い代を付けて
アップリケ布をカットします。

③アップリケ布を図案の位置に
しつけでとめます。

④しつけをしてからパンチワークをします。
※37ページ参照

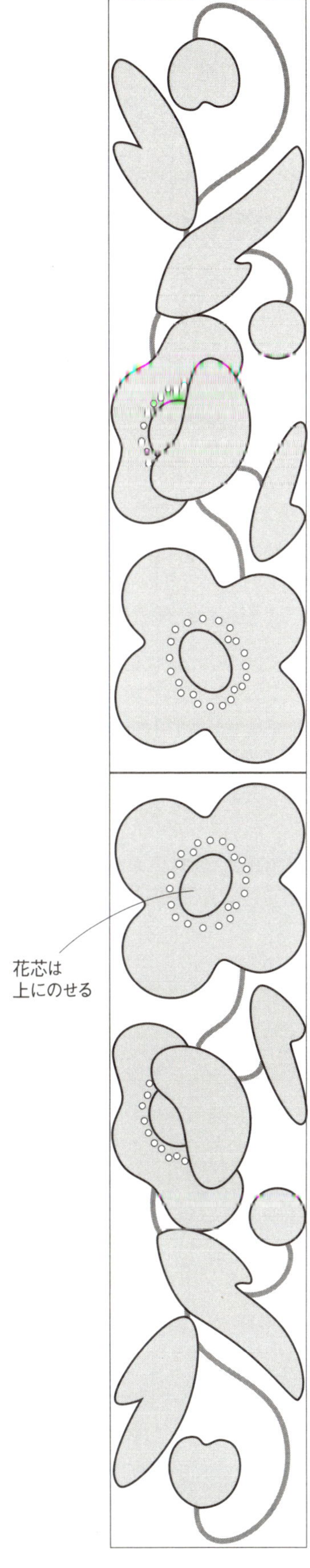
花芯は
上にのせる

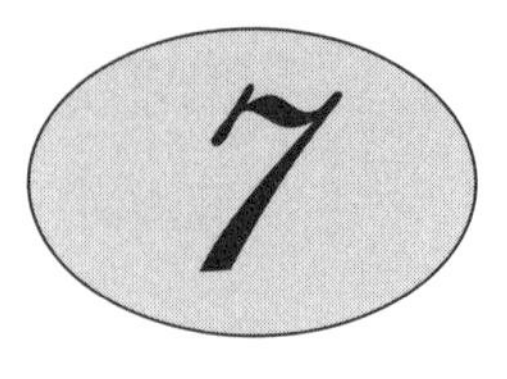
7

＊＊＊＊＊＊＊

14ページの作品

＊＊＊＊＊＊＊

ポピー poppies

●**材料** 土台布…クリーム色の麻布150×200cm、アップリケ布…綿オーガンジー ピンク90×50cm、クリーム色、薄茶各90×40cm。
オリムパス25番刺しゅう糸…734-7束、561-5束、841-2束、562、814、2835各1束。
●**出来上がり寸法** 130×180cm。

●**作り方**
[1]土台布の麻布に図案を200%に拡大して写します。
[2]アップリケの型紙を作り、アップリケ用オーガンジーをカットして、アップリケをします。
[3]刺しゅう部分をステッチします。
[4]周囲を2cm幅の額縁仕立てにして仕上げます。

テーブルクロスポピー配置図

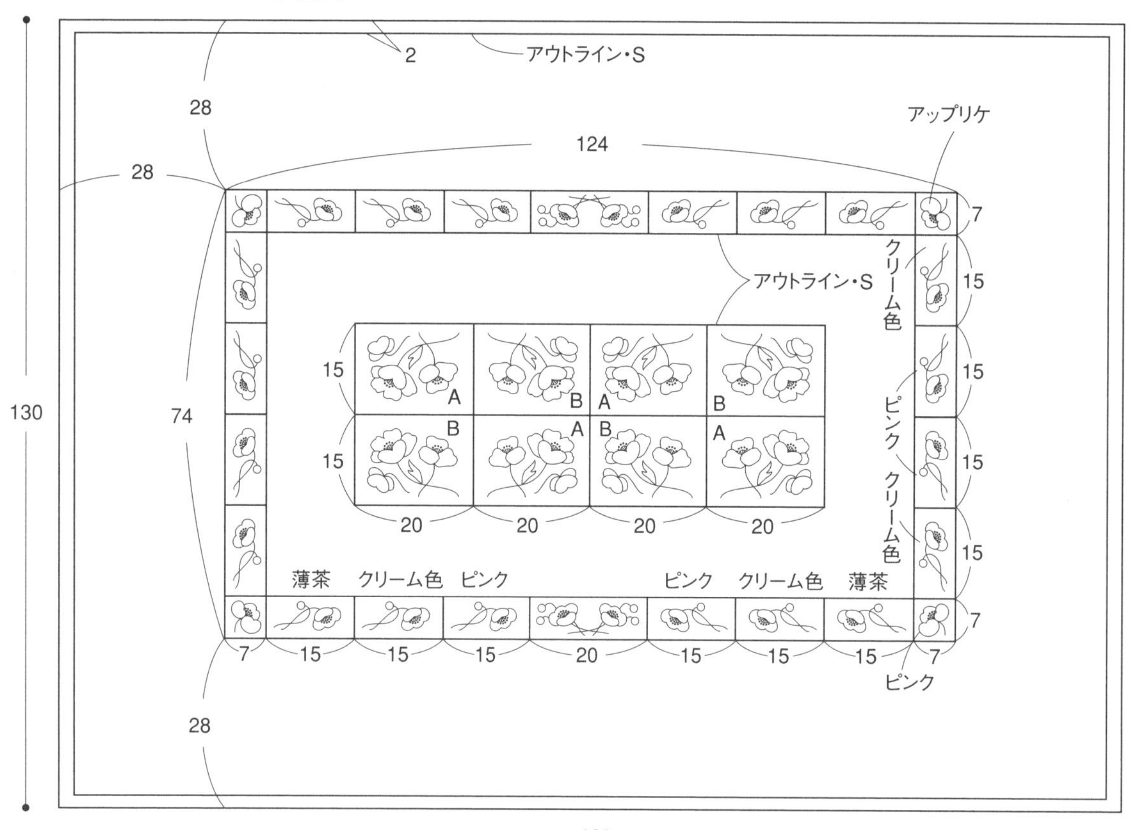
2
アウトライン・S
28
アップリケ
124
28
7
アウトライン・S
クリーム色
15
15
A
B
A
B
B
A
B
A
15
ピンク
15
130
74
15
15
クリーム色
15
20
20
20
20
15
薄茶
クリーム色
ピンク
ピンク
クリーム色
薄茶
7
7
15
15
15
20
15
15
15
7
ピンク
28
180

＜布の裁ち方＞

3 縫い代
136
186

＜額縁の仕立て方＞

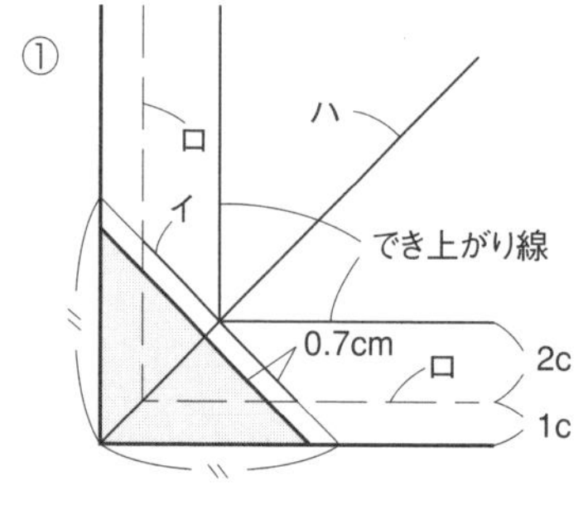
①
ロ
ハ
イ
でき上がり線
0.7cm
ロ
2c
1c

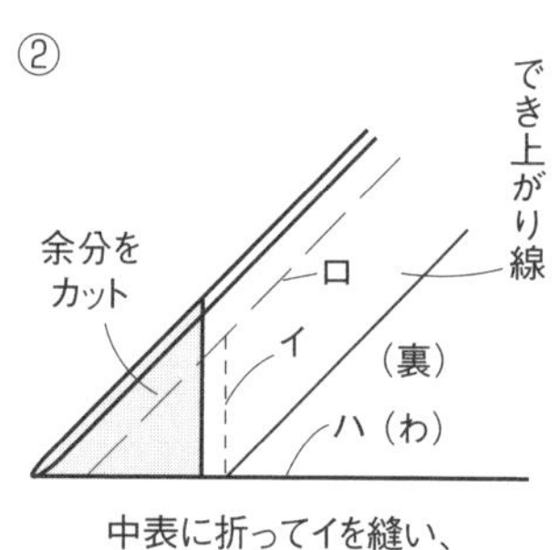
②
でき上がり線
余分をカット
ロ
イ
（裏）
ハ（わ）

中表に折ってイを縫い、
縫い代を割って表に返す

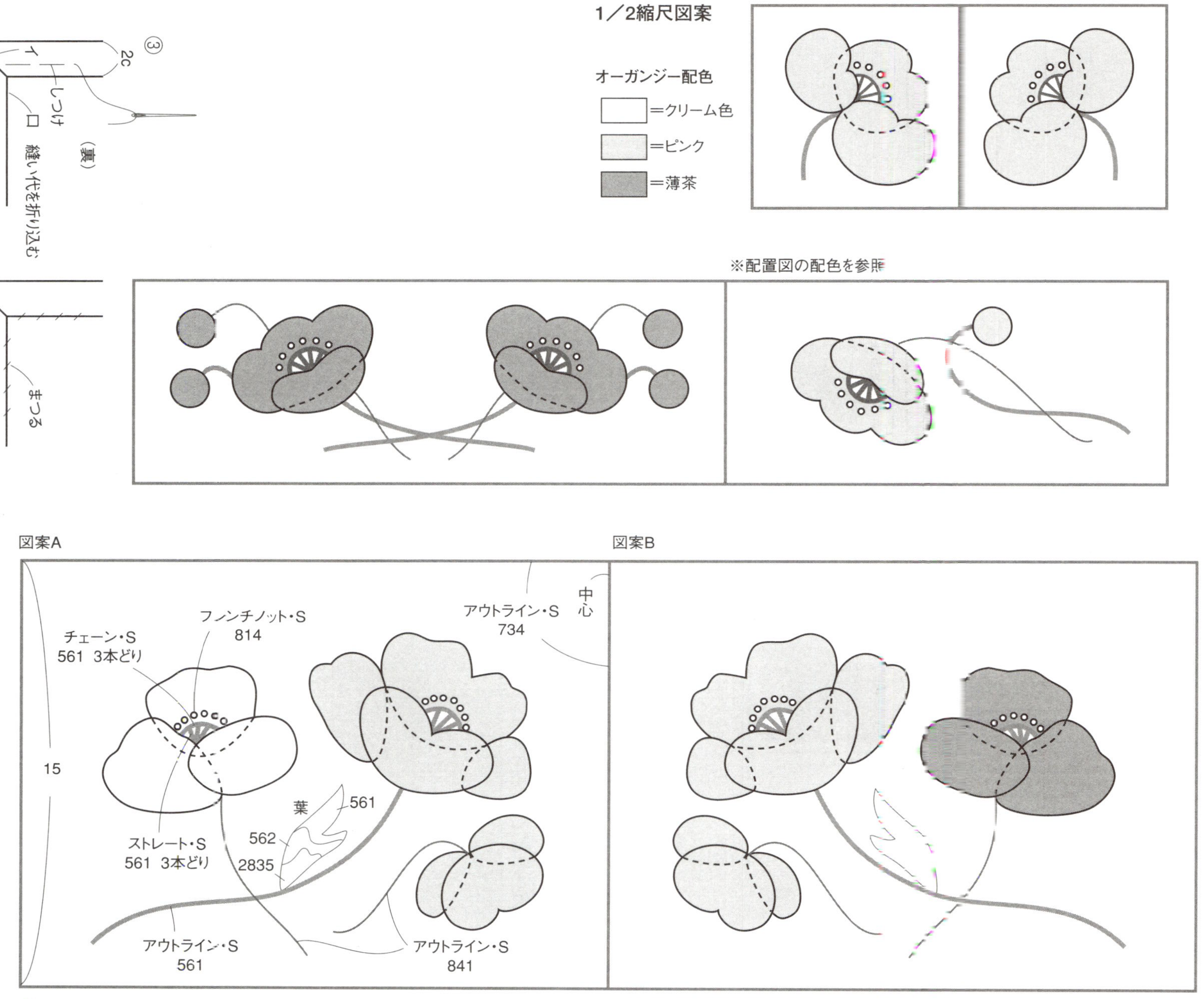

1／2縮尺図案
オーガンジー配色
＝クリーム色
＝ピンク
＝薄茶
※配置図の配色を参照
③
2c
イ
しつけ
ロ
（裏）
縫い代を折り込む
まつる
図案A
図案B
中心
アウトライン・S
734
フレンチノット・S
814
チェーン・S
561 3本どり
15
ストレート・S
561 3本どり
葉
561
562
2835
アウトライン・S
561
アウトライン・S
841

葉 フリー・S 2835 562 561 3本どり
※ 指定以外は4本どり

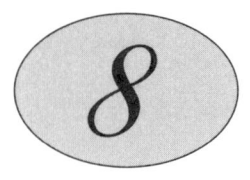

8 フラワーバスケット flowers in baskets

16ページの作品

●**材料** 布…薄グレーのクロスステッチ布(DMCアイーダ3033 10cm=55目)110×40cm。
DMC25番刺しゅう糸…321-9束。
●**でき上がり寸法** テーブルセンター約30×65.5cm、コースター約12.5×12.5cm。
●**作り方**
[1]多めの縫い代を付けて布を裁ちます。
[2]布の中心と図案の中心を合わせ、刺しゅう糸3本どりでクロス・ステッチをします。
[3]ステッチが終わったら、布の織り糸を数えて、縫い代を切り整えます。
[4]周囲を額縁仕立てで、仕上げます。

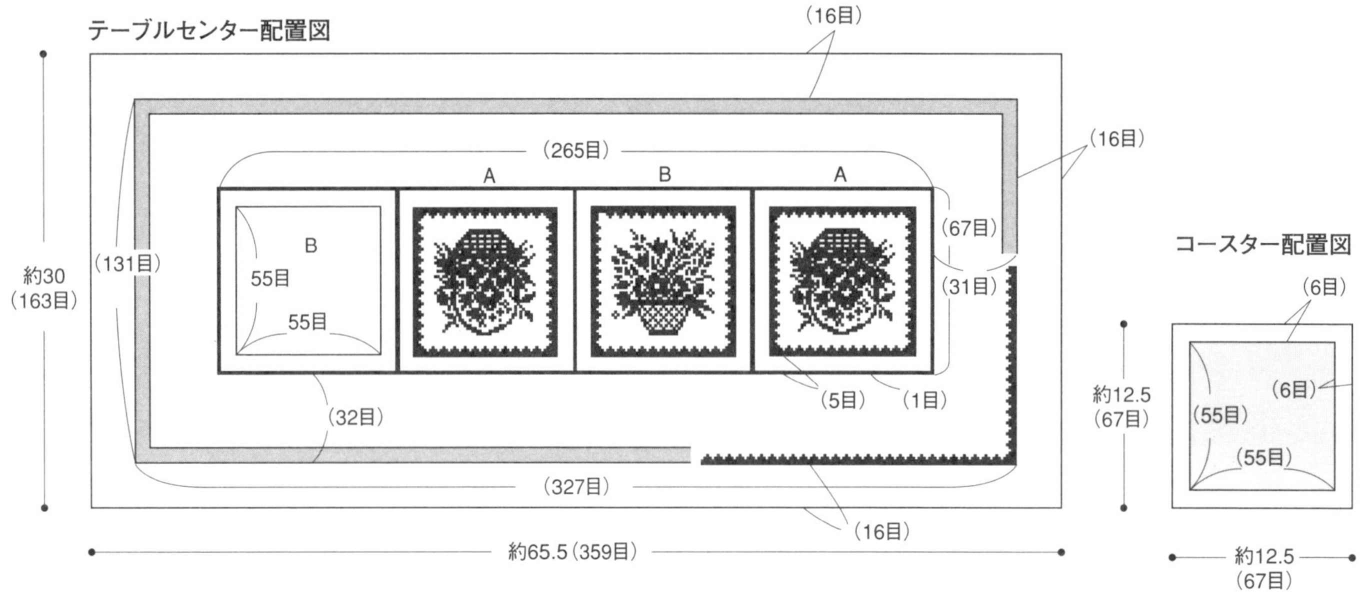

テーブルセンター配置図
(16目)
(265目)
A
B
A
B
55目
55目
(16目)
(67目)
(31目)
(131目)
約30
(163目)
(5目)
(1目)
(32目)
(327目)
(16目)
約65.5(359目)
コースター配置図
(6目)
(6目)
約12.5
(67目)
(55目)
(55目)
約12.5
(67目)

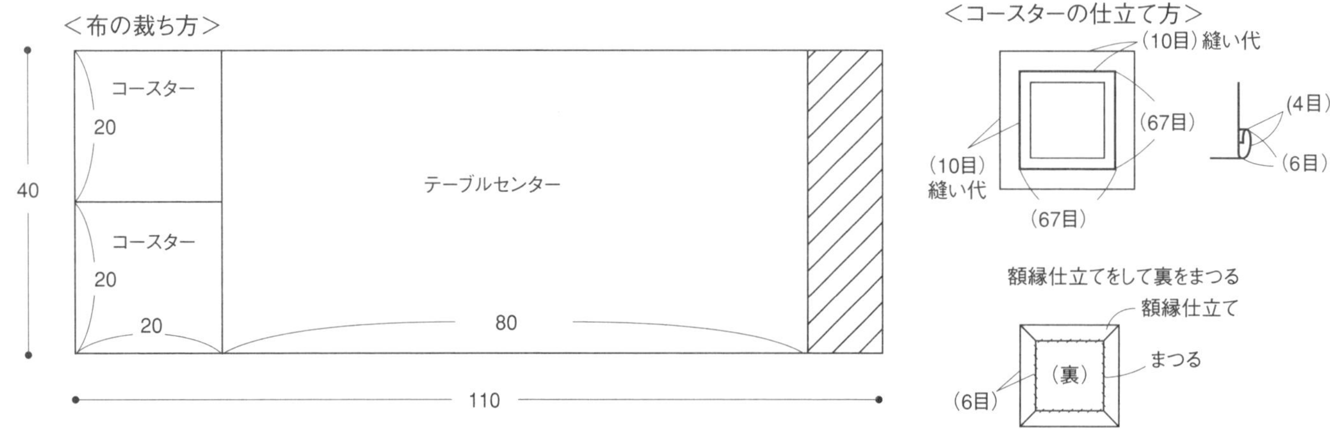

<布の裁ち方>
コースター
20
コースター
20
20
40
テーブルセンター
80
110
<コースターの仕立て方>
(10目)縫い代
(67目)
(10目)
縫い代
(67目)
(4目)
(6目)
額縁仕立てをして裏をまつる
額縁仕立て
(裏)
まつる
(6目)

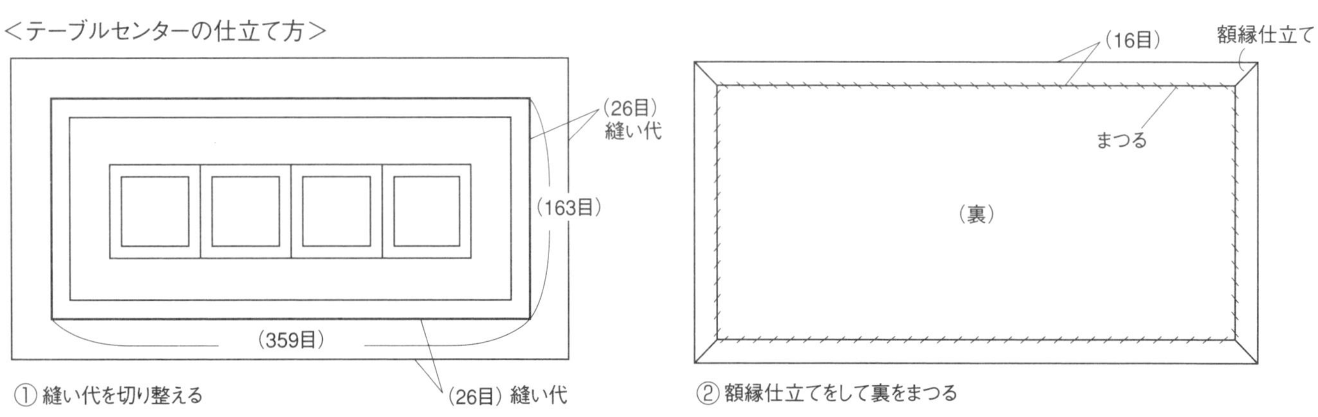

<テーブルセンターの仕立て方>
(26目)
縫い代
(163目)
(359目)
(26目) 縫い代
(16目)
額縁仕立て
まつる
(裏)

① 縫い代を切り整える
② 額縁仕立てをして裏をまつる

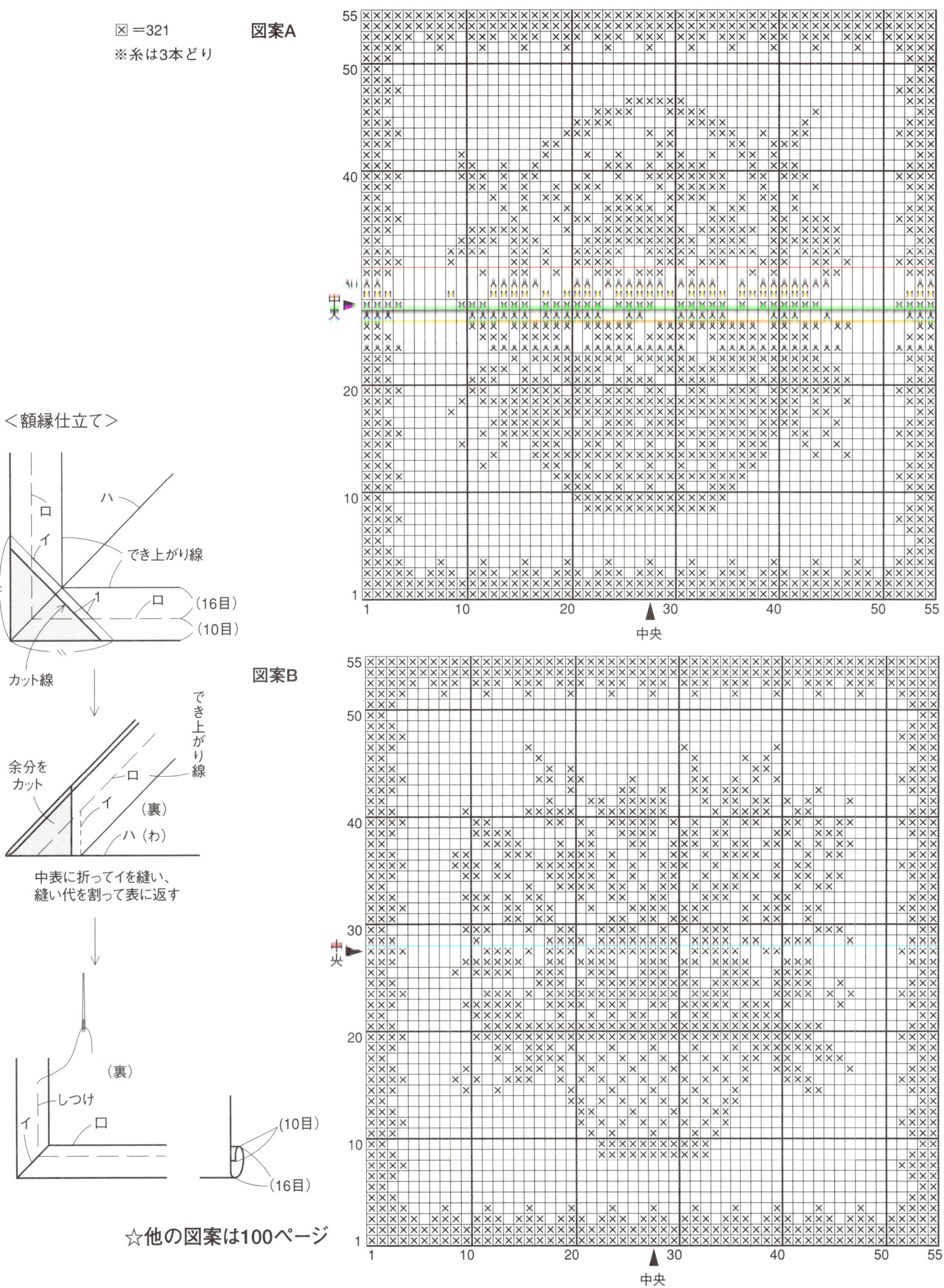

☒＝321
※糸は3本どり
図案A
中央
図案B
中央
＜額縁仕立て＞
ロ
ハ
イ
でき上がり線
1
ロ
(16目)
(10目)
カット線
余分をカット
でき上がり線
ロ
イ
(裏)
ハ（わ）
中表に折ってイを縫い、
縫い代を割って表に返す
(裏)
しつけ
イ
ロ
(10目)
(16目)
☆他の図案は100ページ

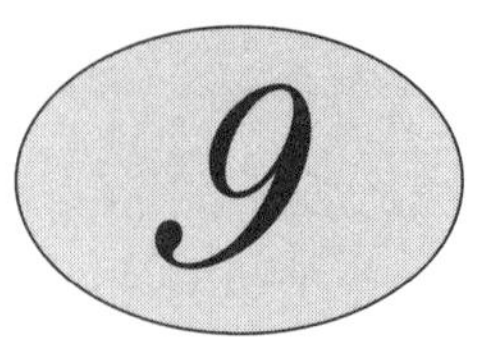
9

イチゴ strawberries

✳✳✳✳✳✳✳

17ページの作品

✳✳✳✳✳✳✳

●材料 土台布…ベージュ麻布70×45cm、裏布…ベージュ木綿プリント70×45cm、キルト芯40×50cm、1.8cm幅茶色バイヤステープ300cm、レーズドワーク用…ローズ色綿オーガンジー50×10cm、手芸綿少々。DMC 5番刺しゅう糸…309、335各1束、25番刺しゅう糸…グリーン系(3362、3363、3364、3348、3053)、白・黄系(BLANC、3753、3822、725)各1束。

●でき上がり寸法 41×31.6cm。

●作り方

[1]麻布を本体とポケットに裁ち、ポケット布に図案を125%に拡大して写し、刺しゅうをします。
[2]綿オーガンジーを裁ち、レイズドワークでイチゴの実を17個作り(38ページ参照)、図の位置にとめ付けます。
[3]キルトラインを描きます。
[4]裏布とポケット布を外表に合わせ、しつけをし、キルト糸1本で刺しゅう部分以外をキルティングします。
[5]本体布にもキルトラインを描き、裏布と本体布の間にキルト芯をはさみ、しつけをしてキルティングをします。
[6]ポケット部分は図を参照して作ります。
[7]本体にポケットをのせ、バインディングして仕上げます。

ウォールポケット配置図

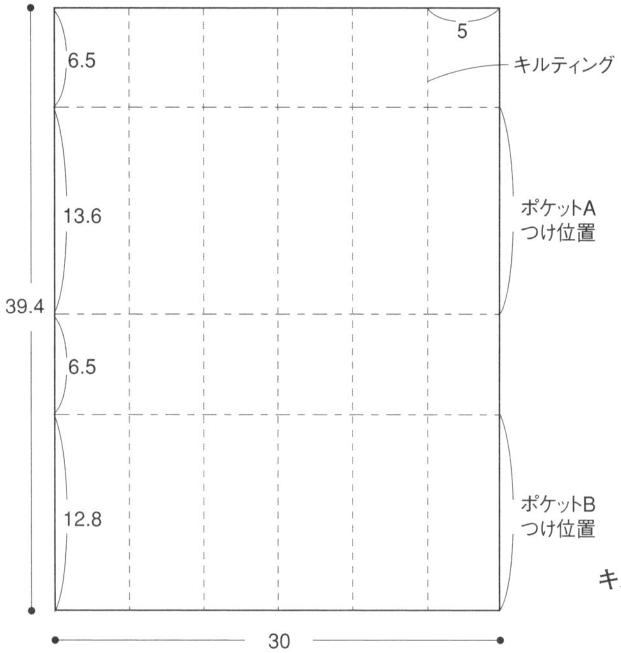

5
6.5
キルティング
13.6
ポケットA
つけ位置
39.4
6.5
12.8
ポケットB
つけ位置
30

ポケットA

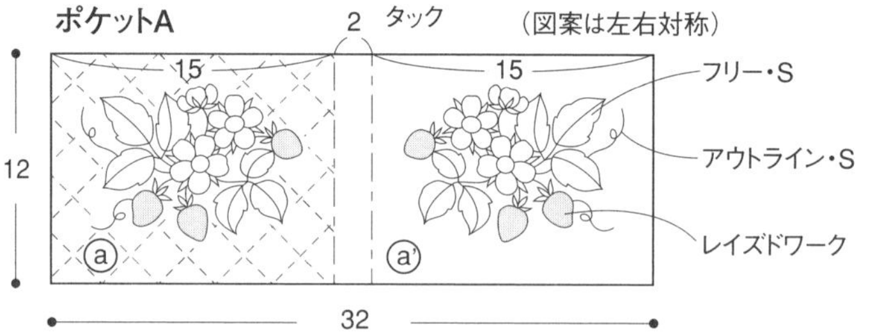

2 タック (図案は左右対称)
15 15
フリー・S
アウトライン・S
12
レイズドワーク
ⓐ ⓐ'
32

ポケットB

3
ⓑ 3
12
30

キルティングライン

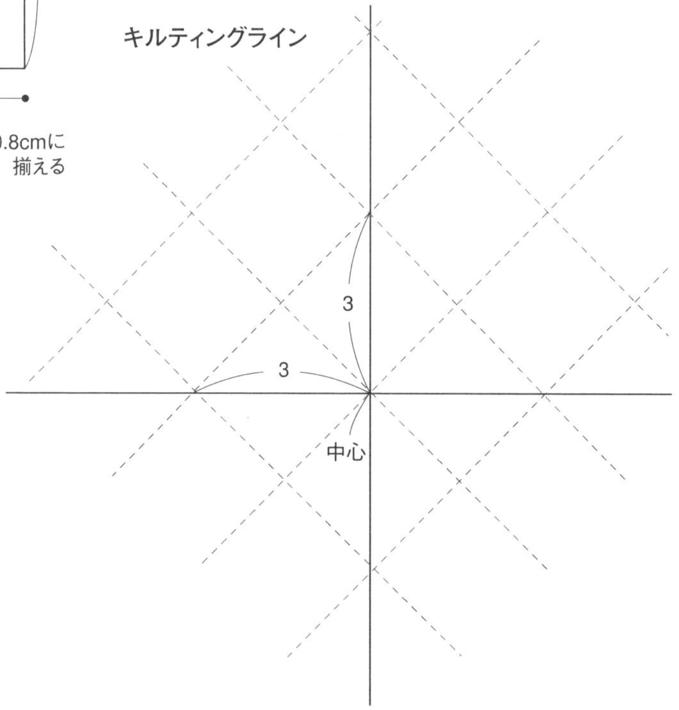

3
3
中心

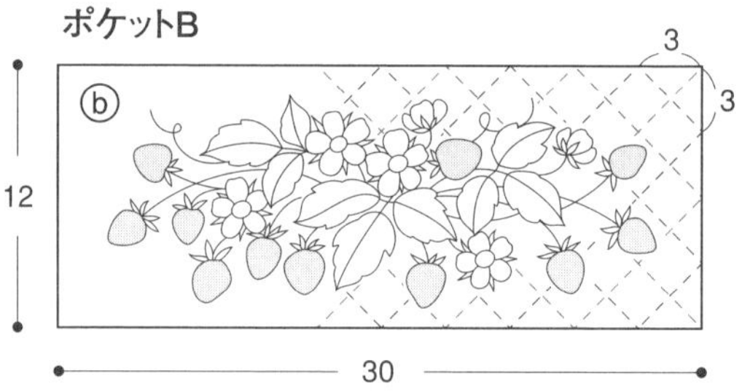

<布の裁ち方> ※刺しゅう、キルティング後縫い代0.8cmに揃える

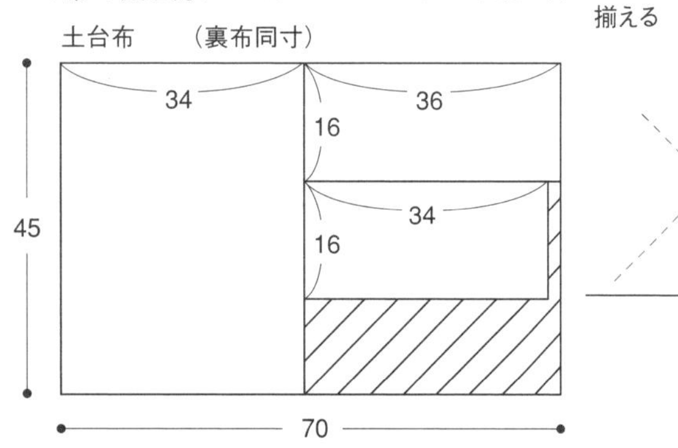

土台布 (裏布同寸)

34 36
16
45
34
16
70

ローズ色オーガンジー

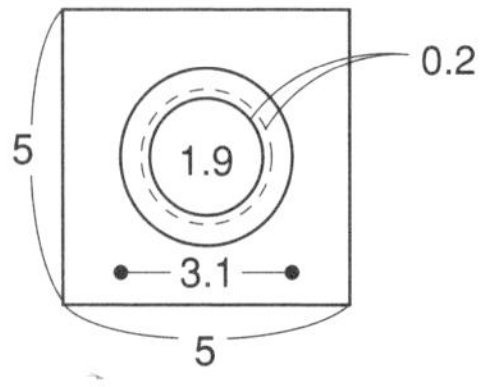

0.2
5 1.9
3.1
5

葉・茎
1—3362
2—3363
3—3364
4—3348
5—3053

花
6—BLANC
7—3753

芯
8—725
9—3822

実 レイズドワーク
10—309
11—335

A—アウトライン・S
B—フリー・S
C—レイズドワーク

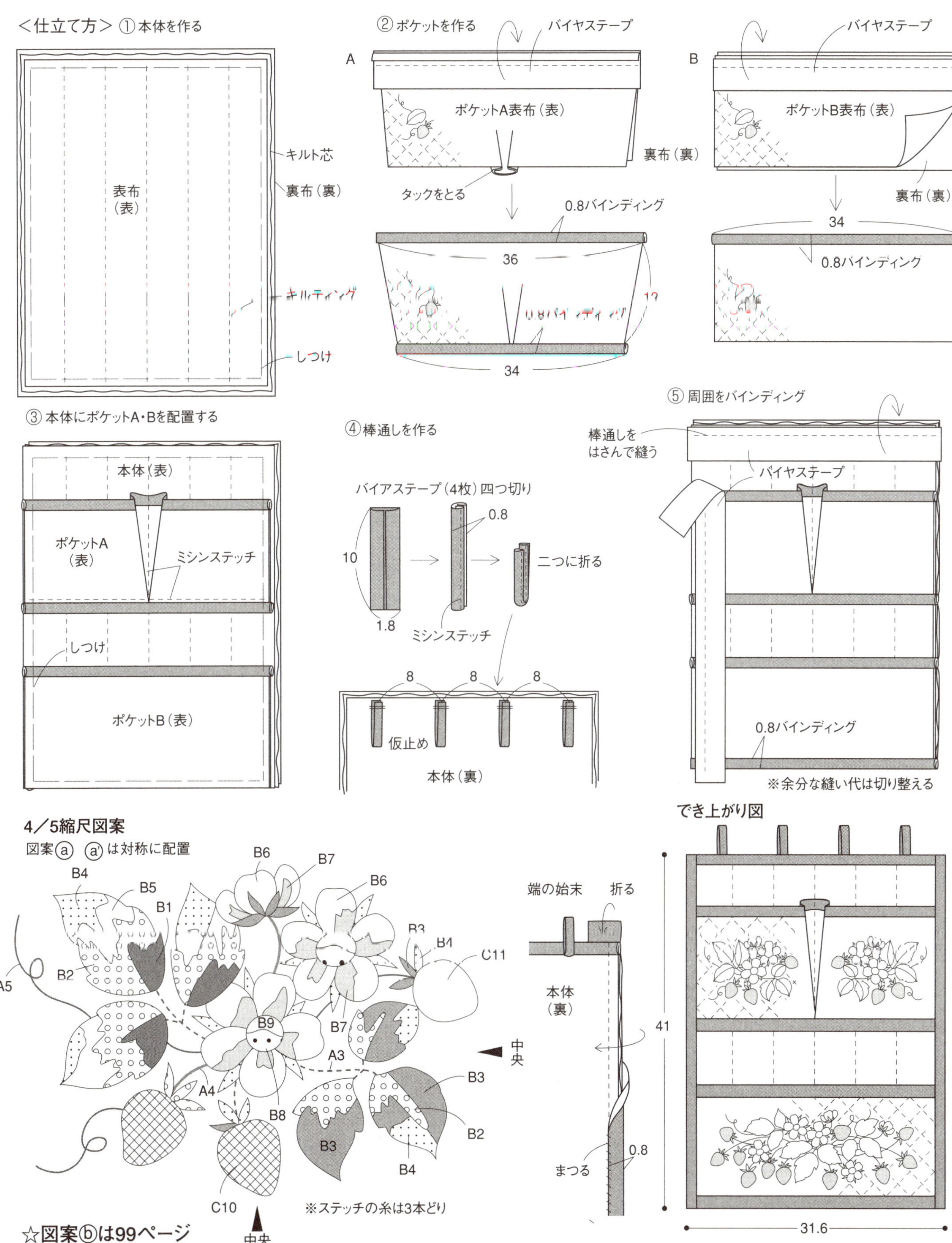

<仕立て方> ①本体を作る
キルト芯
表布（表）
裏布（裏）
キルティング
しつけ
②ポケットを作る
A
バイヤステープ
ポケットA表布（表）
裏布（裏）
タックをとる
0.8バインディング
36
12
34
B
ポケットB表布（表）
裏布（裏）
34
0.8バインディング
③本体にポケットA・Bを配置する
本体（表）
ポケットA（表）
ミシンステッチ
しつけ
ポケットB（表）
④棒通しを作る
バイアステープ（4枚）四つ切り
10
1.8
0.8
ミシンステッチ
二つに折る
8
8
8
仮止め
本体（裏）
⑤周囲をバインディング
棒通しをはさんで縫う
バイヤステープ
0.8バインディング
※余分な縫い代は切り整える
4／5縮尺図案
図案ⓐ ⓐ'は対称に配置
A5
B4
B5
B1
B2
B6
B7
B6
B3
B4
C11
B9
B7
A3
A4
B8
B3
B3
B2
B4
C10
中央
中央
※ステッチの糸は3本どり
☆図案ⓑは99ページ
端の始末
折る
本体（裏）
まつる
0.8
でき上がり図
41
31.6

10

サイプレス cypresses

18ページの作品

●**材料**　レイズドワークの白い実5個分…白綿オーガンジー5×30cm、DMC5番刺しゅう糸…BLANC、822各1束、DMC25番刺しゅう糸…グリーン系(3051、3052、3053、3363)、茶系(839)各1束、手芸綿少々。
クッション(1個分)…茶色麻布30×60cm、2cm幅レース(アイボリー)60cm、ファスナー20cm丈1本、パンヤ200g入り中袋27×27cmを1個。
テーブルセンター…麻布　茶色40×30cm、白50×50cm。
●**でき上がり寸法**　クッション26×26cm、テーブルセンター　茶色21×34cm、白40×40cm。

●**作り方　クッション**
[1]布を裁ち、図案を125%に拡大して布の中央に写し、刺しゅうをします。
[2]レイズドワークの白い実(38ページ参照)を作り、とめつけます。
[3]周囲にレースを縫い付けます。
[4]ファスナーを付けて中表にし、上下を縫って表に返し、中袋を入れます。
テーブルセンター
[1][2]はクッションを参照し、周囲は図のように仕上げます。

クッション配置図　(裁ち切り)

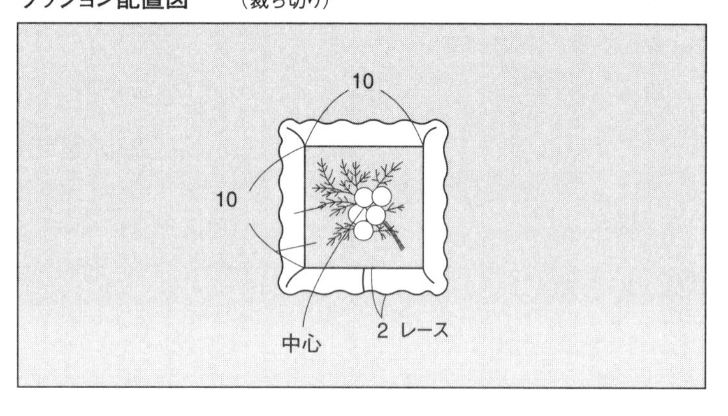
10
10
30
中心
2 レース
58

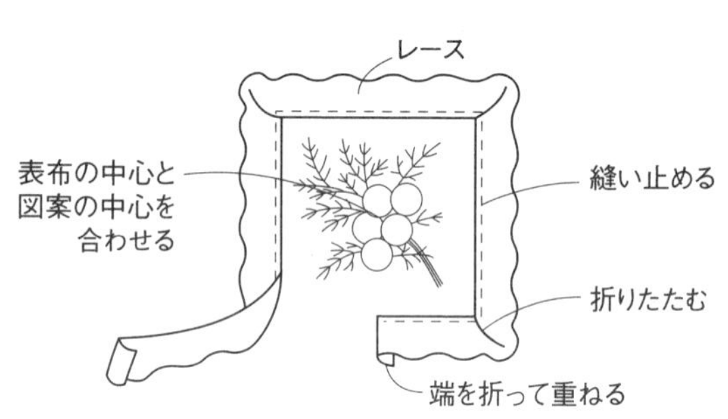
レース
表布の中心と
図案の中心を
合わせる
縫い止める
折りたたむ
端を折って重ねる

<仕立て方>

① 筒状に縫う

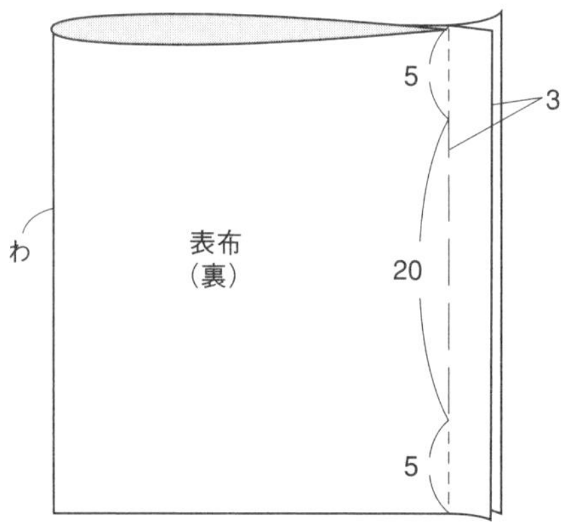
5
3
わ
表布
(裏)
20
5

② ファスナーをつける

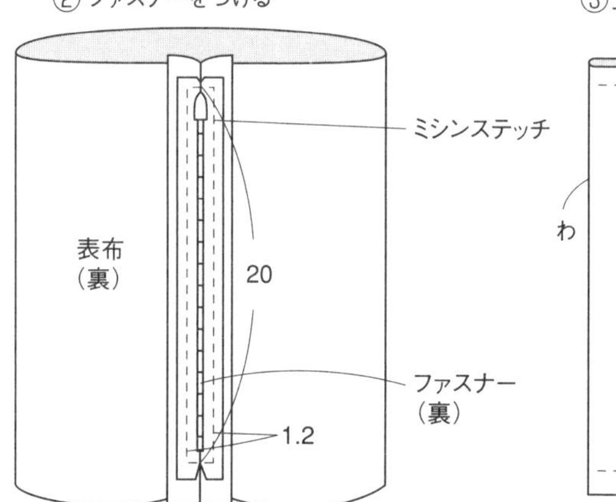
ミシンステッチ
表布
(裏)
20
ファスナー
(裏)
1.2

③ 上下を縫う

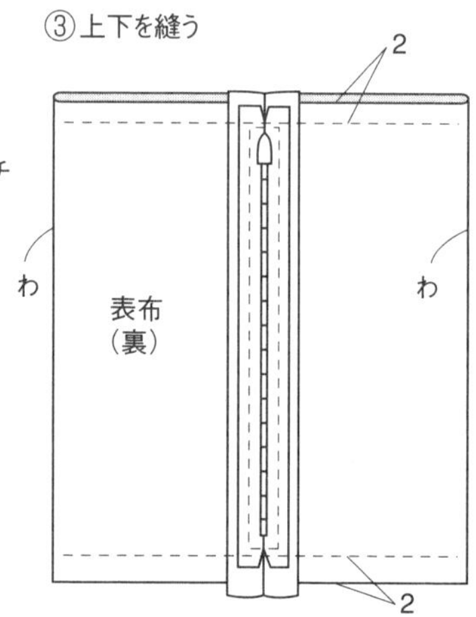
2
わ
表布
(裏)
わ
2

④ 表に返してパンヤ入り中袋を入れる

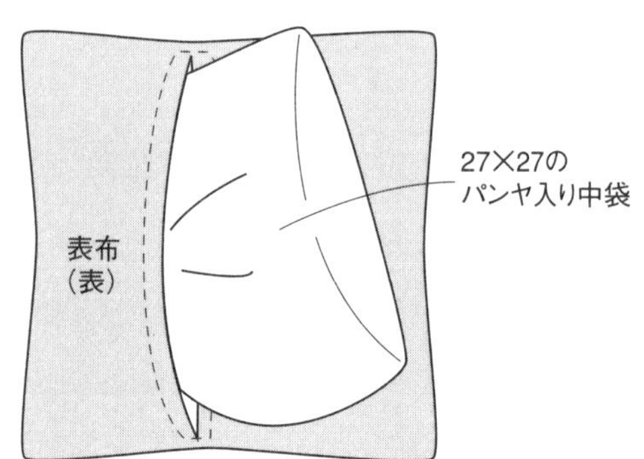
27×27の
パンヤ入り中袋
表布
(表)

でき上がり図

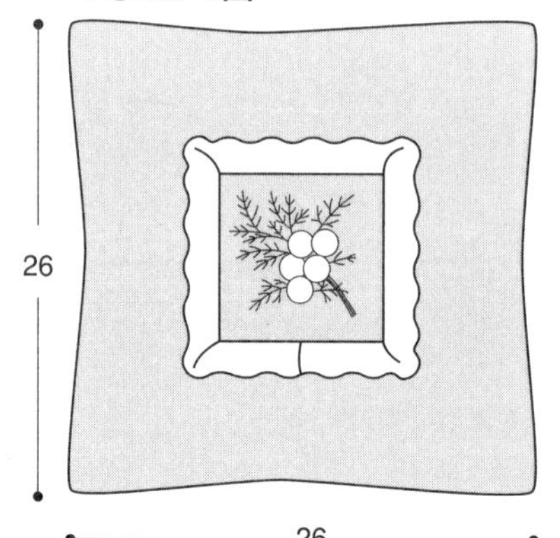
26
26

後側

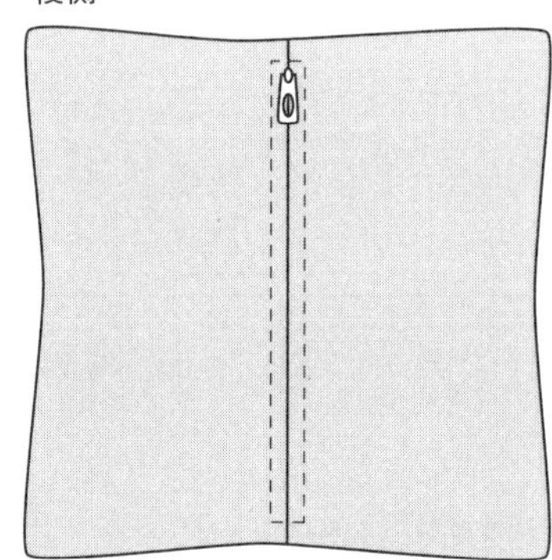

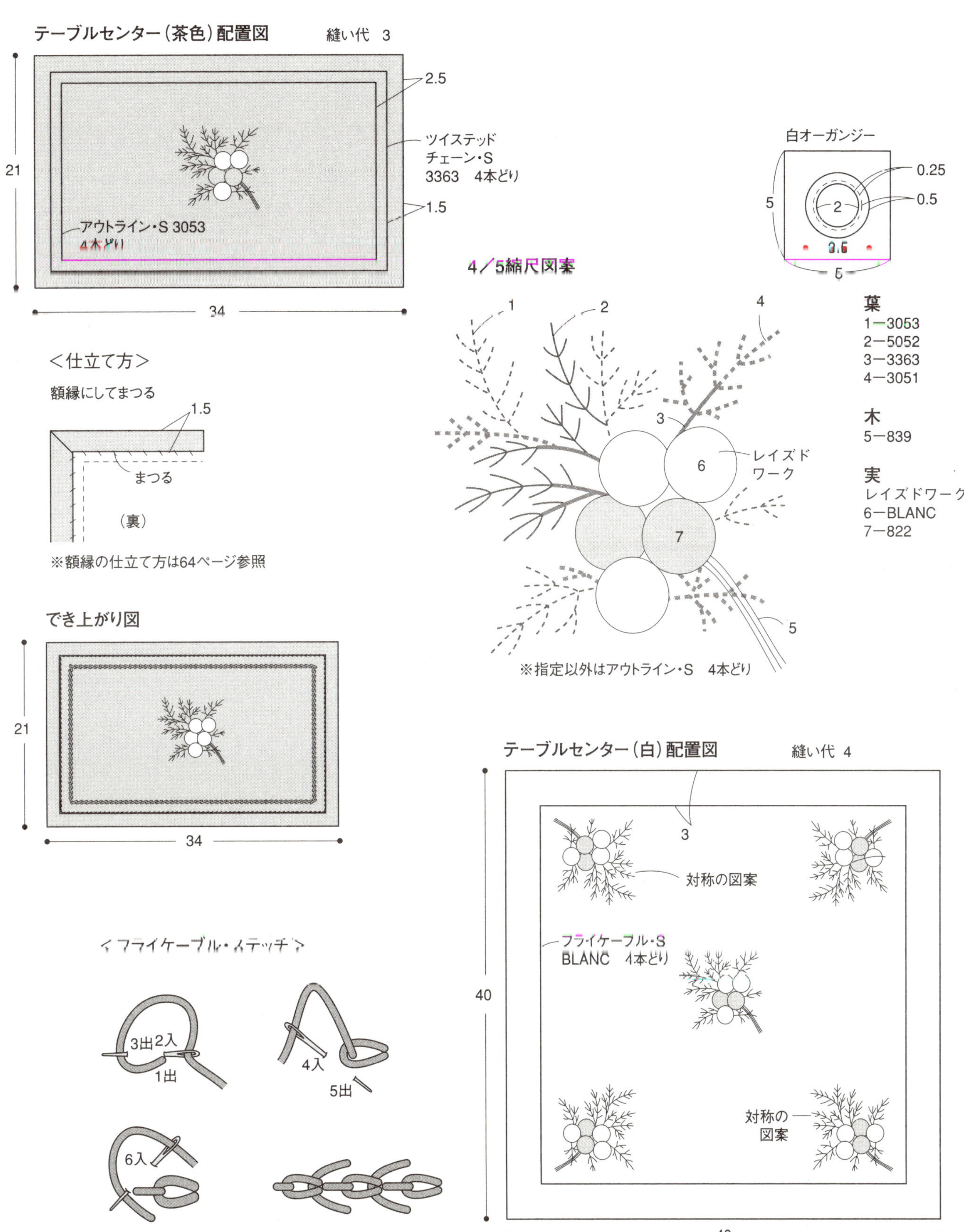
テーブルセンター（茶色）配置図
縫い代 3
2.5
ツイステッド
チェーン・S
3363 4本どり
1.5
アウトライン・S 3053
4本どり
21
34
白オーガンジー
0.25
0.5
2
5
3.5
5
4／5縮尺図案
葉
1−3053
2−5052
3−3363
4−3051
木
5−839
実
レイズドワーク
6−BLANC
7−822
レイズド
ワーク
※指定以外はアウトライン・S 4本どり
＜仕立て方＞
額縁にしてまつる
1.5
まつる
（裏）
※額縁の仕立て方は64ページ参照
でき上がり図
21
34
テーブルセンター（白）配置図
縫い代 4
3
対称の図案
フライケーブル・S
BLANC 4本どり
対称の
図案
40
40
＜フライケーブル・ステッチ＞
3出
2入
1出
4入
5出
6入

11

ベビーキルト a baby quilt

20ページの作品

●**材料**　土台布…白綿サテン地80×55cm、ピンク綿サテン地55×95cm、アップリケ用布…ピンクプリント30×50cm、裏布…ピンク木綿地70×100cm、キルト芯70×100cm。DMC25番刺しゅう糸…ピンク系（760、819各2束、761、818各4束）、ブルー系(3325、3841各4束、3755-1束)、紫系（153、554各1束）、白、黄系（ECRUT、3078、3822各1束）、グリーン系(3052、3053各4束、3348-2束)。

●**でき上がり寸法**　92×64cm。

●**作り方**

[1]白綿サテン地を裁ち、図案を200%に拡大して写し、図案Aを3枚、Bを3枚刺します。

[2]ピンクプリント地でハートのアップリケをします。

[3]ピンク綿サテン地を裁ち、トップをはぎ合わせます。

[4]トップにキルティングラインを引き、キルト芯と2枚重ね、白綿サテン地の格子キルティングとハートの周囲の落としキルティングをします。

[5]裏布と[4]を中表に重ねて袋状に縫い、縫い代の余分なキルト芯を切り落とします。

[6]返し口から表に返し、返し口をとじてからしつけをかけ、ボーダー部分とはぎ目部分の落としキルティングをします。

ベビーキルト配置図

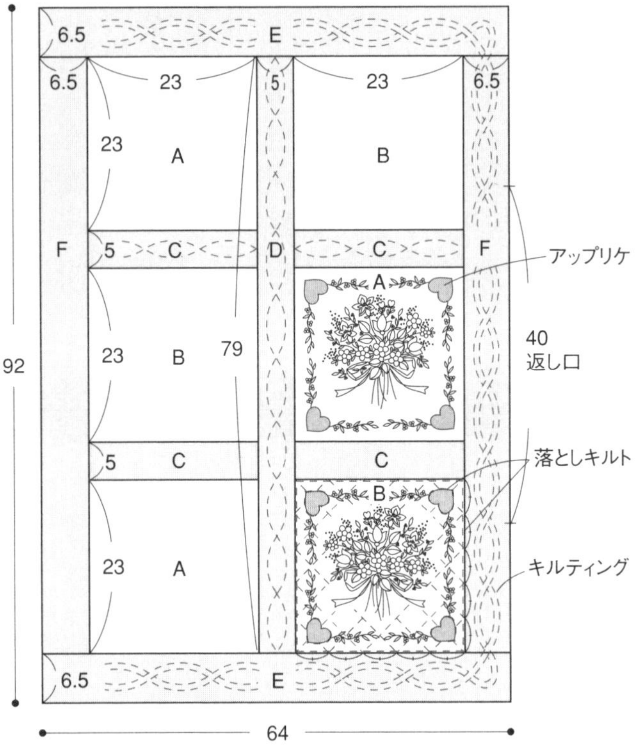

6.5
E
6.5
23
5
23
6.5
23
A
B
F
5
C
D
C
F
アップリケ
A
23
B
79
40
返し口
92
5
C
C
落としキルト
B
23
A
キルティング
6.5
E
64

＜布の裁ち方＞

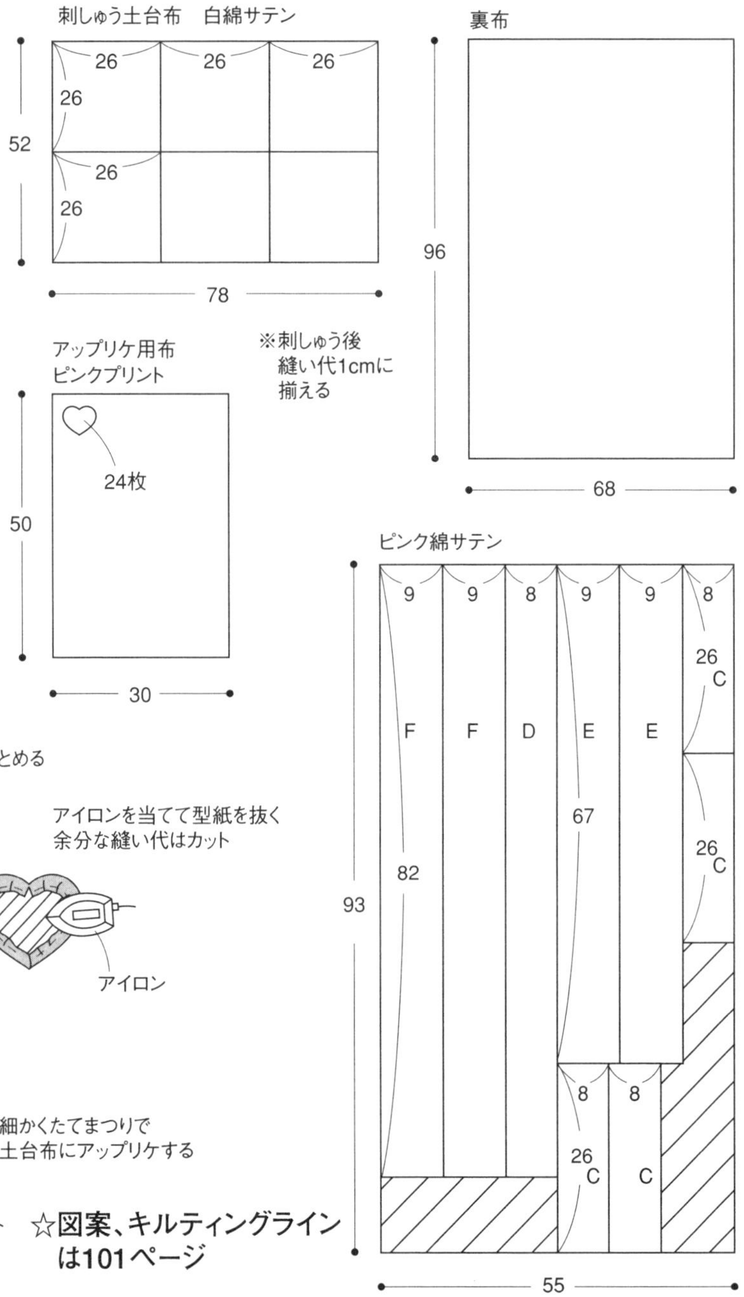

刺しゅう土台布　白綿サテン
26
26
26
26
52
26
26
78
裏布
96
68
アップリケ用布
ピンクプリント
24枚
50
30
※刺しゅう後
縫い代1cmに
揃える
ピンク綿サテン
9
9
8
9
9
8
26
C
F
F
D
E
E
67
26
C
82
93
8
8
26
C
C
55

＜アップリケの仕方＞

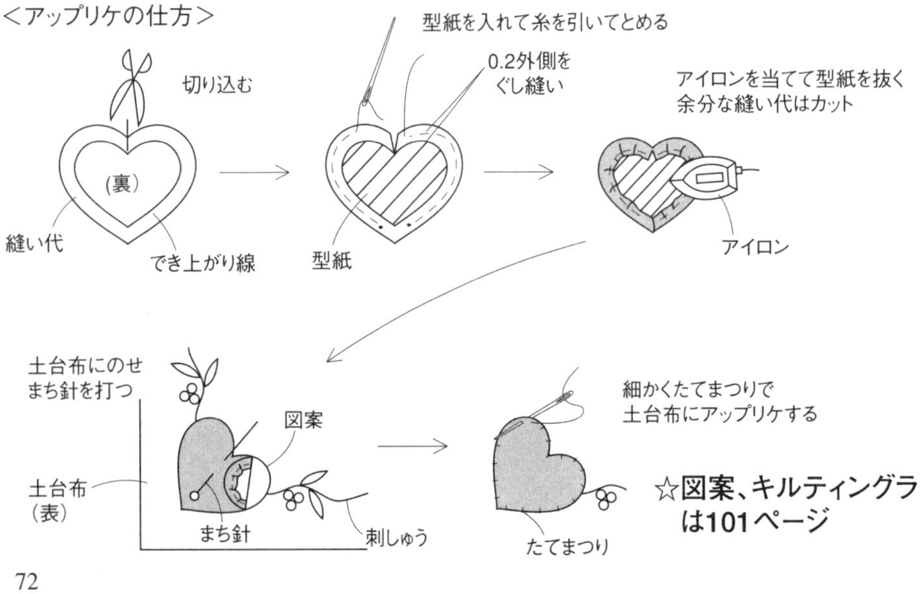

切り込む
(裏)
縫い代
でき上がり線
型紙を入れて糸を引いてとめる
0.2外側を
ぐし縫い
型紙
アイロンを当てて型紙を抜く
余分な縫い代はカット
アイロン
土台布にのせ
まち針を打つ
図案
土台布
(表)
まち針
刺しゅう
細かくたてまつりで
土台布にアップリケする
たてまつり

☆図案、キルティングラインは101ページ

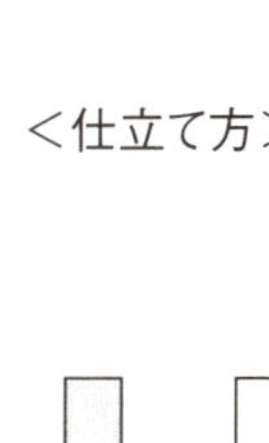

＜仕立て方＞

パッチワークの順序

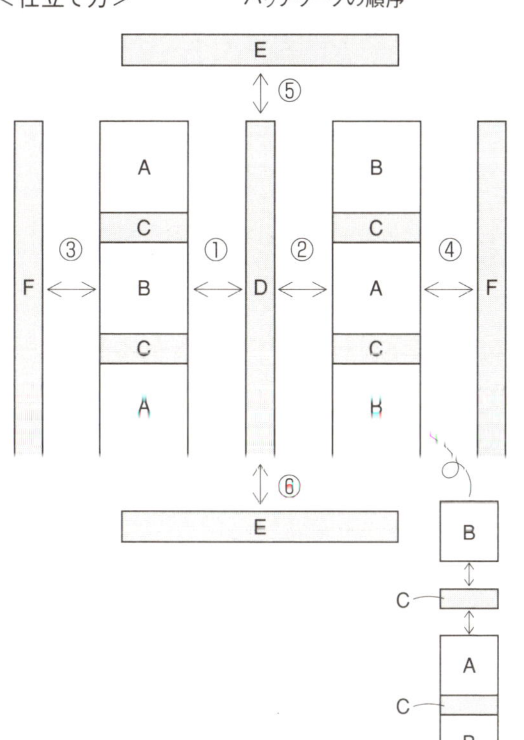

E
⑤
F
A
C
B
C
A
③
①
D
②
B
C
A
C
B
④
F
⑥
E
B
C
A
C
B

①表布とキルト芯を重ねてキルティング

②裏布と中表に合わせて周囲を縫う

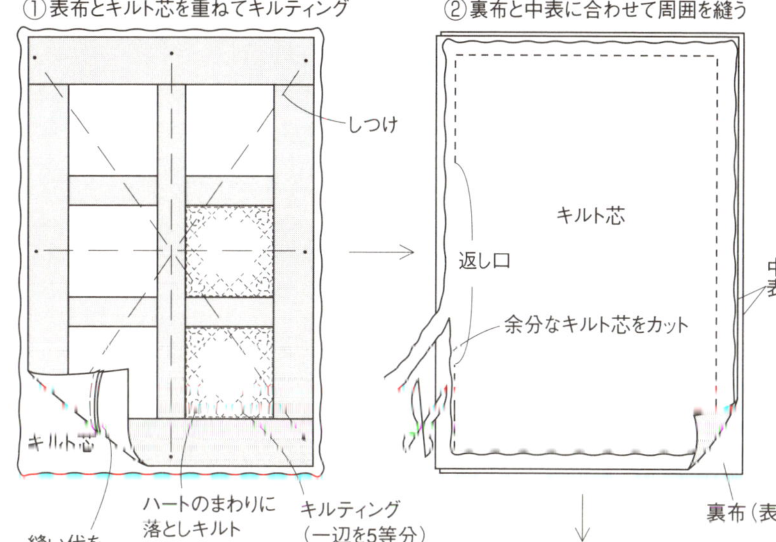

しつけ
キルト芯
縫い代を
ラティスとボーダー側に
倒す
ハートのまわりに
落としキルト
キルティング
(一辺を5等分)
キルト芯
返し口
余分なキルト芯をカット
中表
裏布(表)

③表に返して残りのキルティング

(表)

口を閉じる

落としキルト

ラティスとボーダーにキルティング

●**材料**　赤ちゃんよだれかけ(DMC RS604)、くまさん＜よだれかけ付＞(DMC GN 069)。
DMC25番刺しゅう糸…761、818、3053、3325、3348、3822、3841各1束。

●**でき上がり寸法**　図参照

●**作り方**

図案を参照してクロス・ステッチで左右対称に刺します。

赤ちゃんよだれかけ配置図

15

(10目)

でき上がり図

92
64

くまさん＜よだれかけ付＞配置図

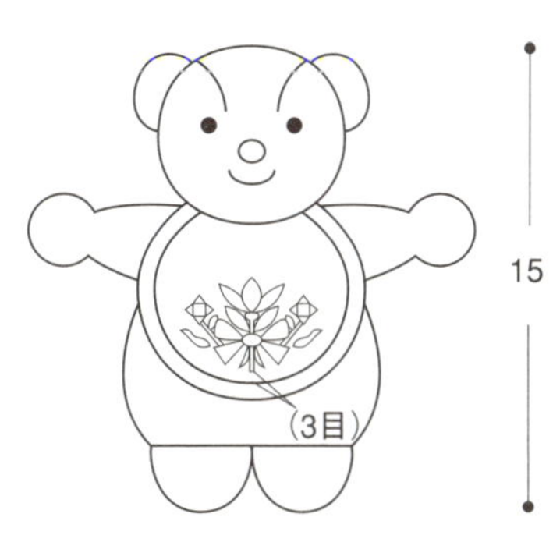

15
(3目)

くまさんのよだれかけ図案

※糸は2本どり

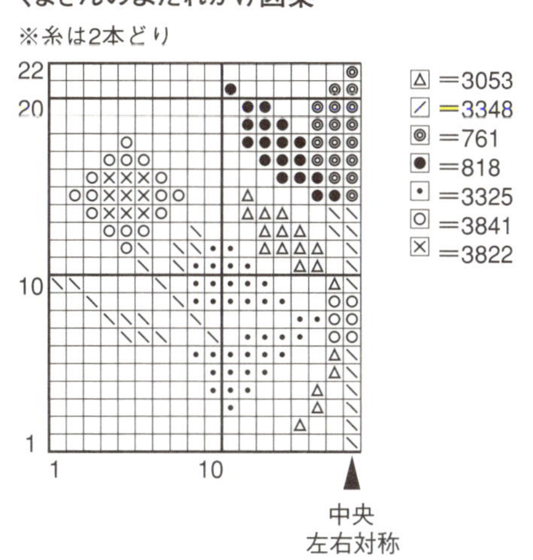

22
20
10
1
1
10
中央
左右対称
△＝3053
／＝3348
◎＝761
●＝818
・＝3325
○＝3841
☒＝3822

☆赤ちゃんのよだれかけの図案は101ページ

12 すみれのブーケ bouquets of violets

22ページの作品

●**材料** 木綿布…白無地110×140cm、濃いグリーン無地110×170cm、薄グリーン無地110×60cm、フジ色無地110×35cm、紫チェック110×35cm、ブループリント(裏布用)110×320cm、キルト芯130×200cm。
25番刺しゅう糸 DMC…青紫系（3746、793各1束、794-2束、340、341各4束）、白・黄系(BLANC-5束、725-2束)、グリーン系(470、501各1束、471、472各2束、504-3束、502、503各5束)、オリムパス…青紫系(611、625、676、615各1束、612、624、626各2束、613-4束)。

●**でき上がり寸法** 188×124cm。

●**作り方**

[1]各布は縫い代を付けて裁ち、刺しゅう図案を250%に拡大して布に写し、刺しゅうをします。
[2]A、J、Bをはぎ合わせ、同要領に刺しゅうをします。
[3]パッチワーク部分をはぎ合わせ、トップを完成します。
[4]トップにキルティングラインを引き、裏布とトップの間にキルト芯をはさみ、しつけをします。
[5]キルト糸1本で刺しゅう部分以外をキルティングします。
[6]周囲のスカラップの型紙を作り、スカラップラインを描き、周囲を1cm幅にバインディングして仕上げます。

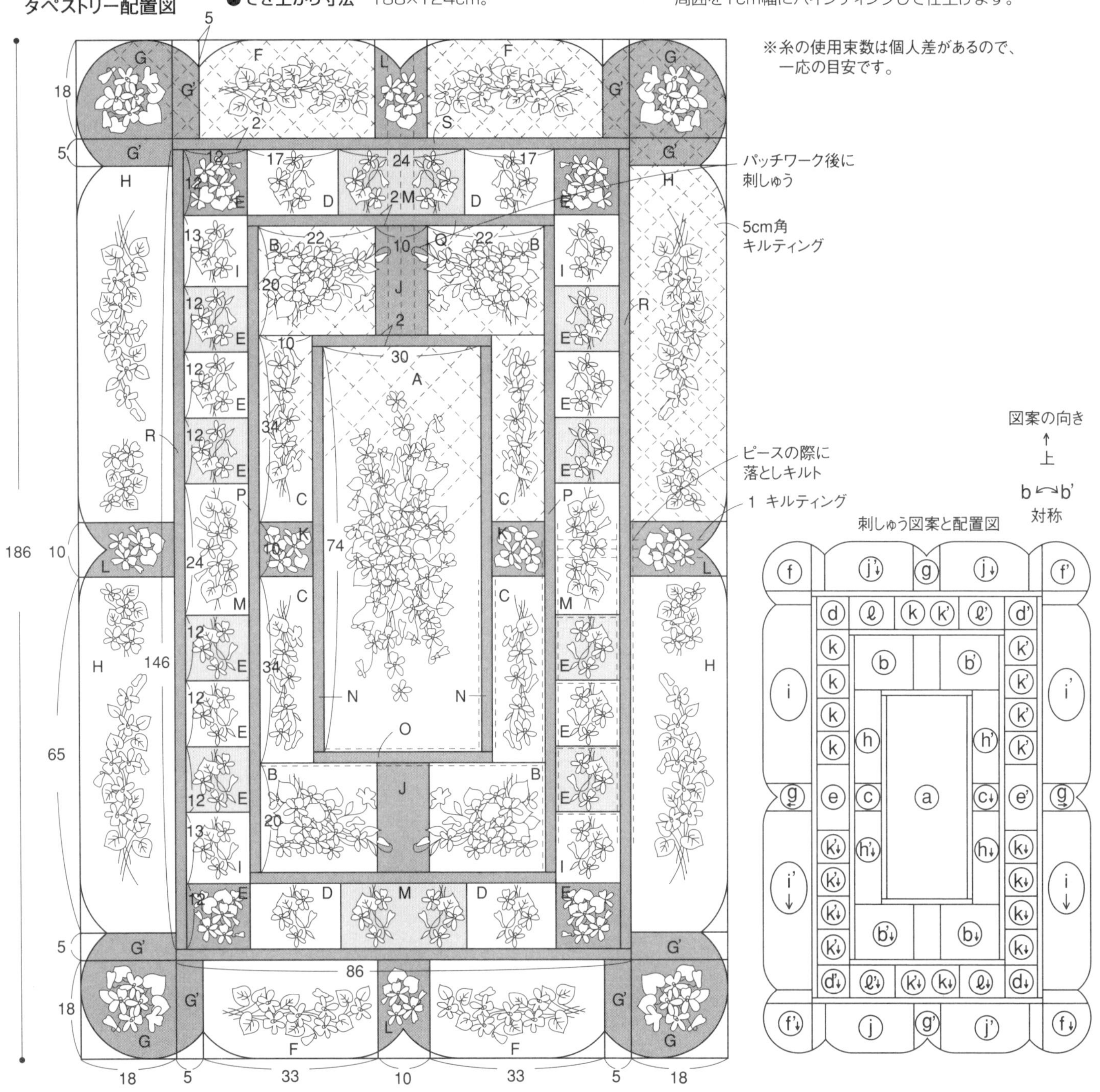

タペストリー配置図
※糸の使用束数は個人差があるので、一応の目安です。
パッチワーク後に刺しゅう
5cm角キルティング
ピースの際に落としキルト
1 キルティング
186
146
65
122
86
74
188
刺しゅう図案と配置図
図案の向き
上
b ↔ b'
対称

＜布の裁ち方＞　濃いグリーン無地　※縫い代1cmに揃える

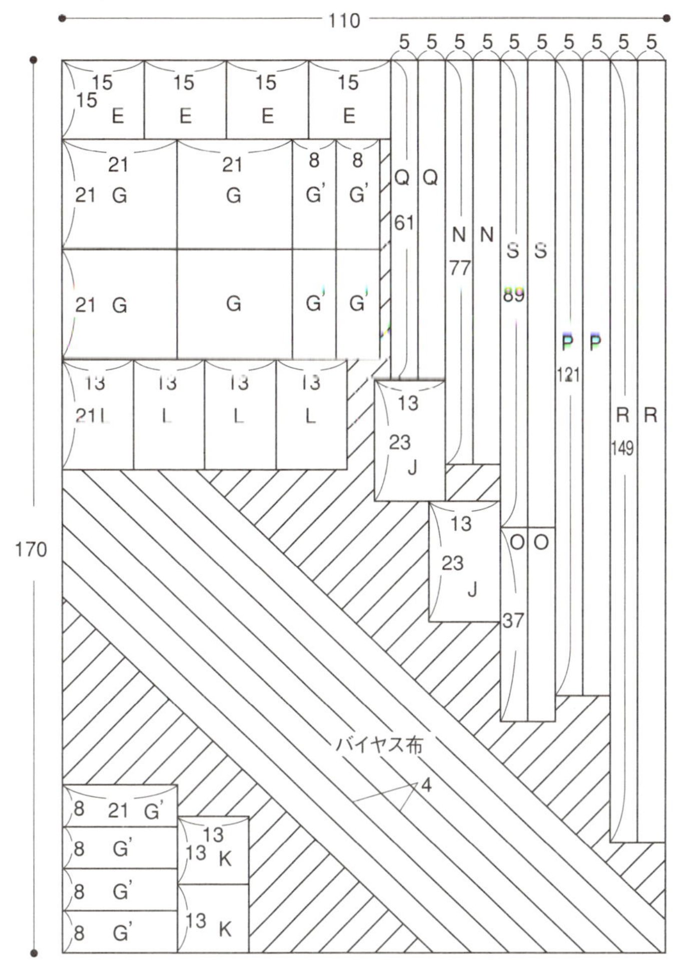

110
170
バイヤス布

薄グリーン無地

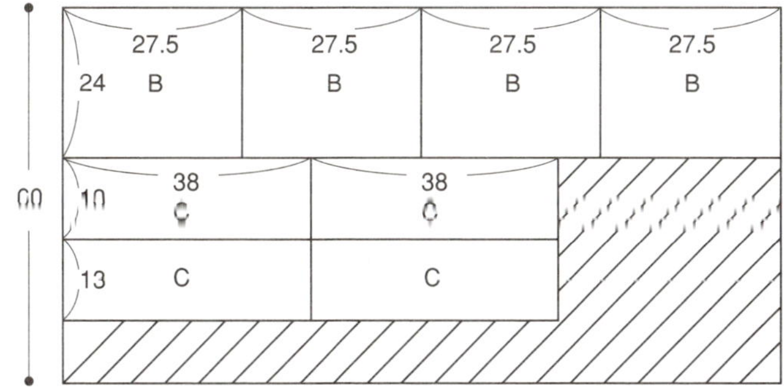

フジ色無地

白無地

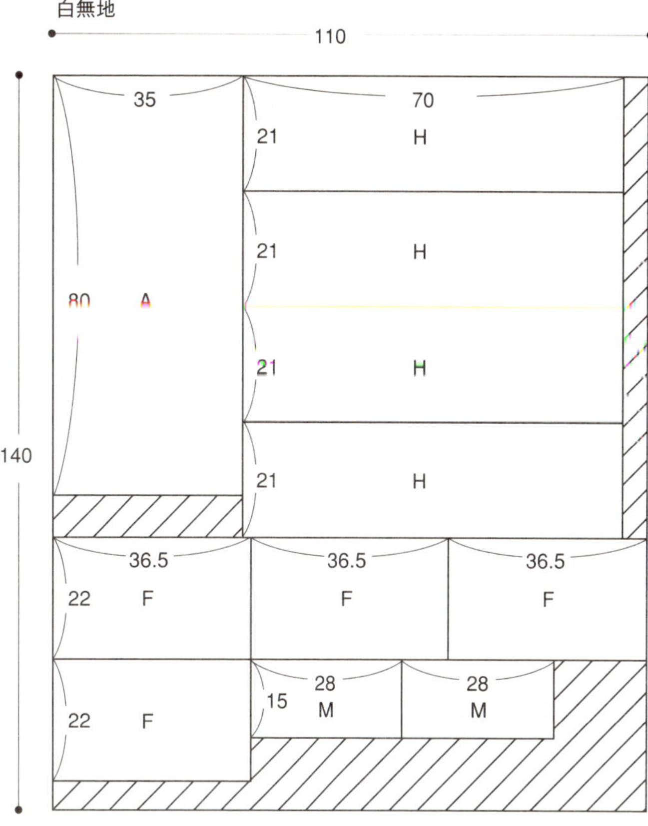

紫チェック

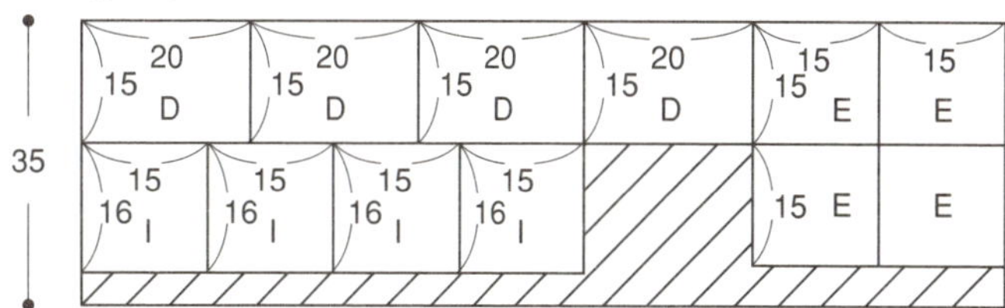

裏布

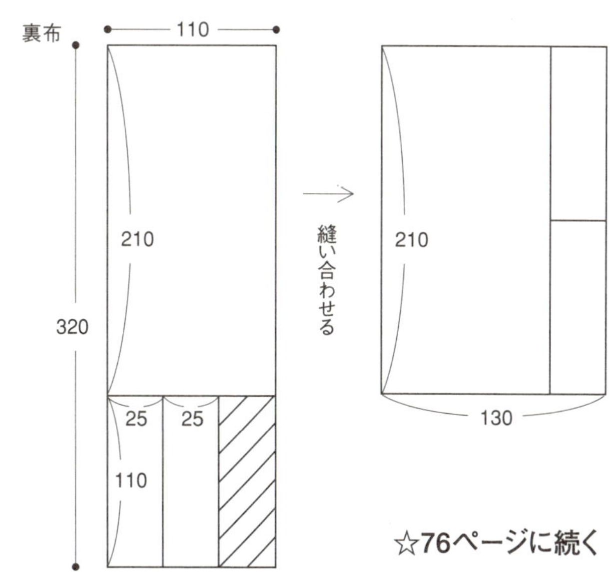

縫い合わせる

☆76ページに続く

☆75ページからの続き

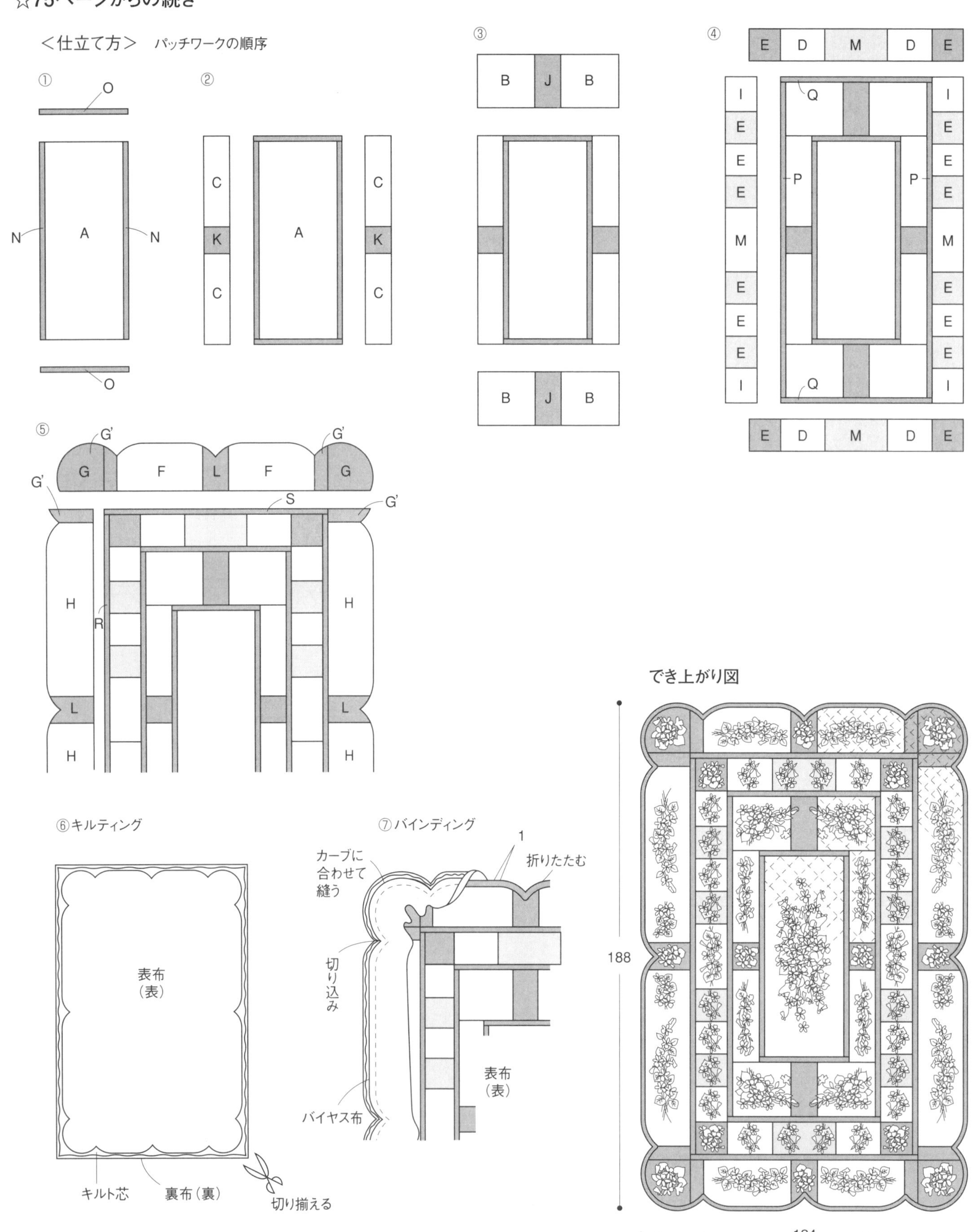

＜仕立て方＞　パッチワークの順序
①
O
N
A
N
O
②
C
K
C
A
C
K
C
③
B
J
B
B
J
B
④
E
D
M
D
E
Q
I
E
E
E
M
E
E
E
I
P
P
I
E
E
E
M
E
E
E
I
Q
E
D
M
D
E
⑤
G'
G'
G
F
L
F
G
G'
S
G'
H
R
H
L
L
H
H
⑥キルティング
表布
（表）
キルト芯
裏布（裏）
切り揃える
⑦バインディング
1
カーブに
合わせて
縫う
折りたたむ
切り込み
表布
（表）
バイヤス布
でき上がり図
188
124

2／5縮小図案

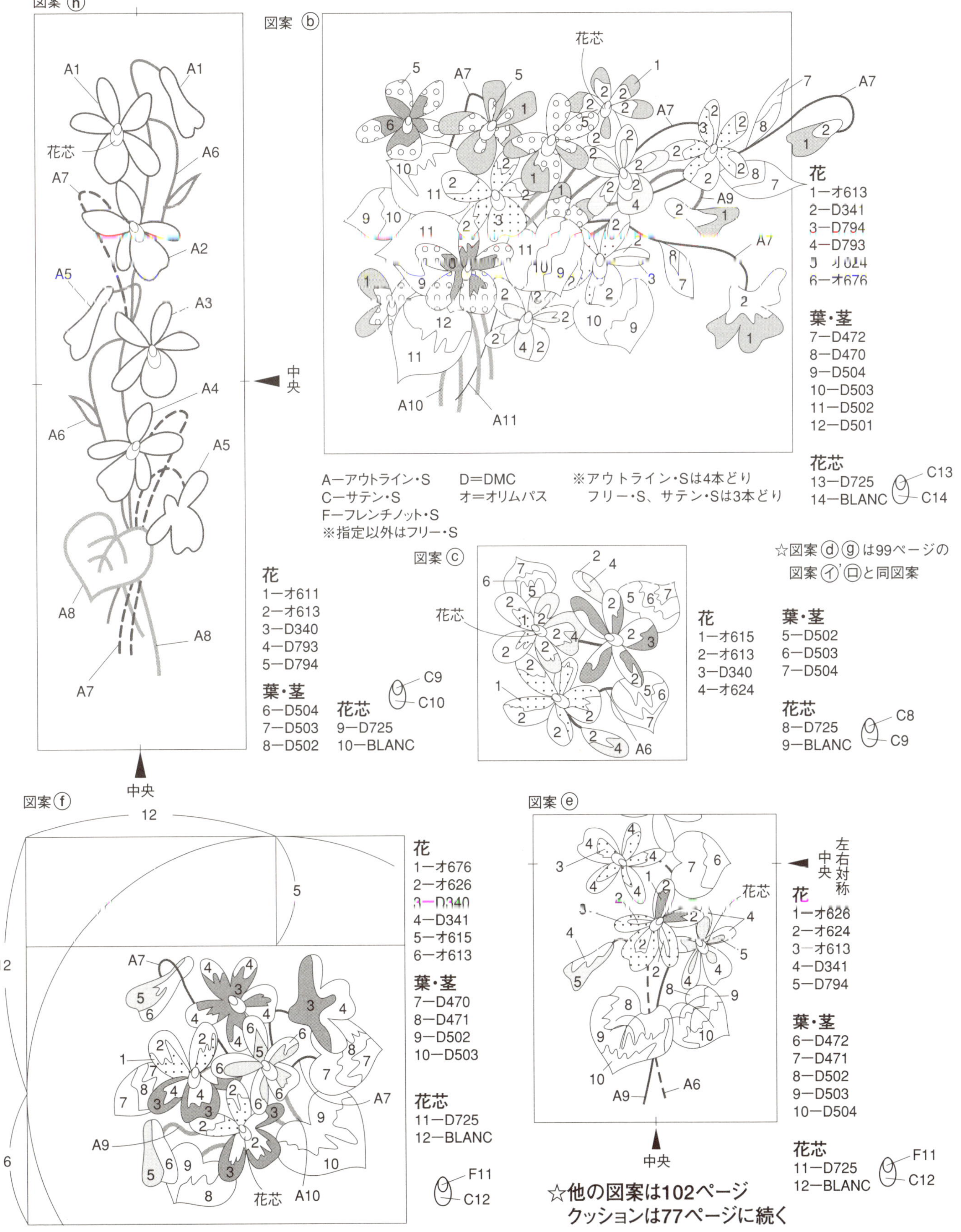

図案ⓗ
A1
花芯
A2
A3
A4
A5
A6
A7
A8
中央
花
1—オ611
2—オ613
3—D340
4—D793
5—D794
葉・茎
6—D504
7—D503
8—D502
花芯
9—D725
10—BLANC
C9
C10
図案ⓑ
花芯
A7
A9
A10
A11
花
1—オ613
2—D341
3—D794
4—D793
6—オ676
葉・茎
7—D472
8—D470
9—D504
10—D503
11—D502
12—D501
花芯
13—D725
14—BLANC
C13
C14
A—アウトライン・S
C—サテン・S
F—フレンチノット・S
※指定以外はフリー・S
D＝DMC
オ＝オリムパス
※アウトライン・Sは4本どり
フリー・S、サテン・Sは3本どり
☆図案ⓓⓖは99ページの
図案イ’ロと同図案
図案ⓒ
花芯
A6
花
1—オ615
2—オ613
3—D340
4—オ624
葉・茎
5—D502
6—D503
7—D504
花芯
8—D725
9—BLANC
C8
C9
図案ⓕ
12
5
12
6
A7
A9
A10
花芯
花
1—オ676
2—オ626
3—D340
4—D341
5—オ615
6—オ613
葉・茎
7—D470
8—D471
9—D502
10—D503
花芯
11—D725
12—BLANC
F11
C12
図案ⓔ
左右対称
中央
花芯
A6
A9
花
1—オ626
2—オ624
3—オ613
4—D341
5—D794
葉・茎
6—D472
7—D471
8—D502
9—D503
10—D504
花芯
11—D725
12—BLANC
F11
C12
中央

☆他の図案は102ページ
クッションは77ページに続く

☆クッション、77ページからの続き

●材料　クッションa 木綿布…濃いグリーン110×40cm、薄グリーン110×50cm、b濃いグリーン110×40cm、薄グリーン60×15cm、フジ色110×50cm、**a・b共通** きなり(当て布)95×45cm、キルト芯100×50cm、40cmファスナー1本、パンヤ400g入り中袋43×43cm。25番刺しゅう糸　a DMC…紫系(340、341各1束)、グリーン系(471、472、502、503)各1束、白・黄系(BLANC、743各1束)、オリムパス…紫系(613、615、676、624各1束、626-2束)、b DMC…グリーン系(501、503各1束)、白・黄系(BLANC、973各1束)、オリムパス…紫系(612、615各1束、613-2束)。

●でき上がり寸法　a・b　43.4×43.4cm。

●作り方

[1]各布を裁ち、刺しゅう図案を200%に拡大して写します。
[2]前側部分のパッチワークをします。
[3]刺しゅう部分を除いてキルティングラインを引きます。
[4]トップとキルト芯を重ねてしつけをし、格子にキルティングをします。
[5]トップに当て布をし、しつけをして落としキルティングをします。
[6]後側の布にファスナーを付け、キルト芯をはさみ、当て布をファスナーにまつります。
[7]後側は3枚にしつけをして、キルティングをします。
[8]前側と後側を外表に合わせ周囲をバインディングします。

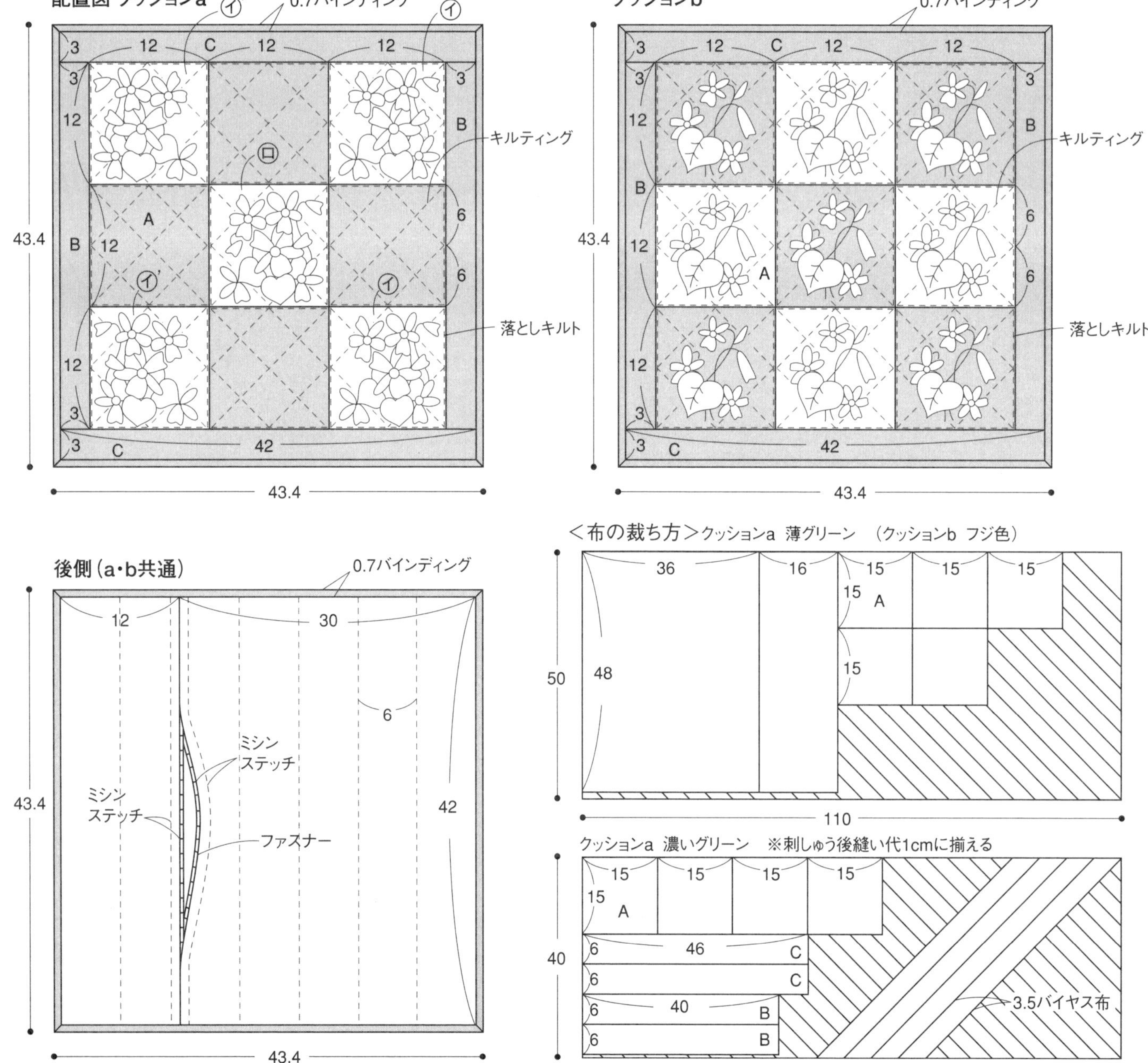

配置図 クッションa
0.7バインディング
イ
イ'
ロ
A
B
C
12
3
6
42
43.4
キルティング
落としキルト
クッションb
後側(a・b共通)
30
ミシンステッチ
ファスナー
<布の裁ち方>クッションa 薄グリーン　(クッションb フジ色)
36
16
15
48
50
110
クッションa 濃いグリーン　※刺しゅう後縫い代1cmに揃える
46
40
3.5バイヤス布

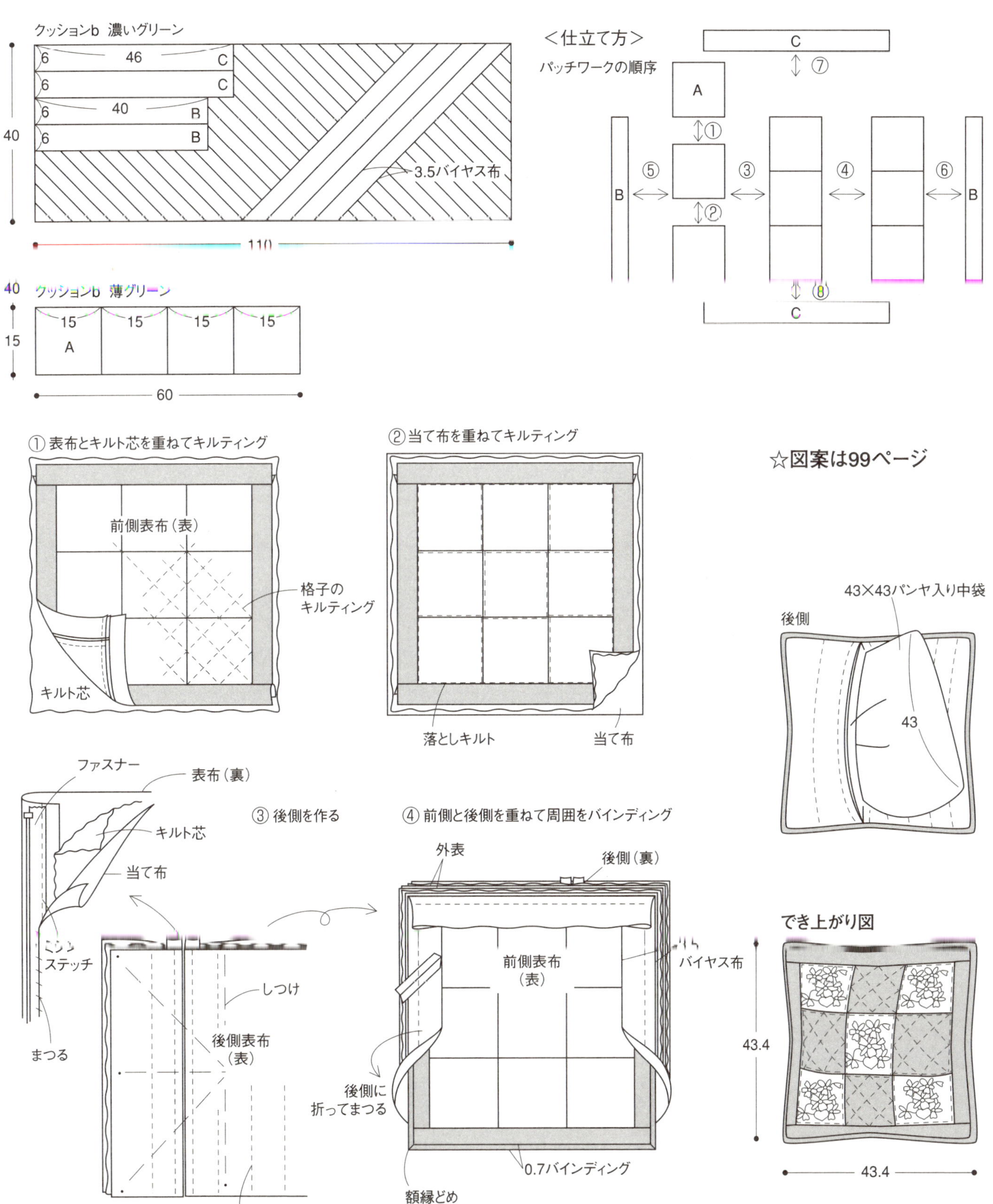
クッションb 濃いグリーン
46
C
C
40
B
B
6
3.5バイヤス布
40
110
クッションb 薄グリーン
15
A
60
<仕立て方>
パッチワークの順序
A
B
C
①
②
③
④
⑤
⑥
⑦
⑧
①表布とキルト芯を重ねてキルティング
前側表布（表）
格子の
キルティング
キルト芯
②当て布を重ねてキルティング
落としキルト
当て布
☆図案は99ページ
43×43パンヤ入り中袋
後側
43
ファスナー
表布（裏）
キルト芯
当て布
ステッチ
まつる
③後側を作る
しつけ
後側表布
（表）
キルティング
④前側と後側を重ねて周囲をバインディング
外表
後側（裏）
前側表布
（表）
バイヤス布
後側に
折ってまつる
0.7バインディング
額縁どめ
でき上がり図
43.4

野すみれとパンジー violets & pansies

24ページの作品

●**材料** 麻布…白地110×150cm、木綿モアレ布…薄ブルー110×170cm、ベージュ35×120cm、紺75×80cm、紫40×30cm、ブループリント(裏布用)90×400cm、キルト芯130×200cm。
25番刺しゅう糸 オリムパス…白・黄系(501、800、813、814各1束、413、422、522、812各2束)、緑系(214、236、237、2013各1束、210-2束、287、288各3束)、青紫系(353、361、362、364、602、622各1束、613、614、615、621、624、652各2束、600、601各3束)、DMC…緑系(520、522、524各1束)。

●**でき上がり寸法** 188.5×124cm。

●**作り方**
[1]白無地麻布を裁って、図案を250%に拡大して写し、刺しゅうをします。
[2]木綿モアレ布を裁ち、刺しゅう布とパッチワークをし、トップを完成させます。
[3]トップにキルティングラインを引き、裏布とトップの間にキルト芯をはさみ、しつけをして刺しゅう部分以外にキルティングをします。
[4]周囲をバインディングして仕上げます。

キルト配置図

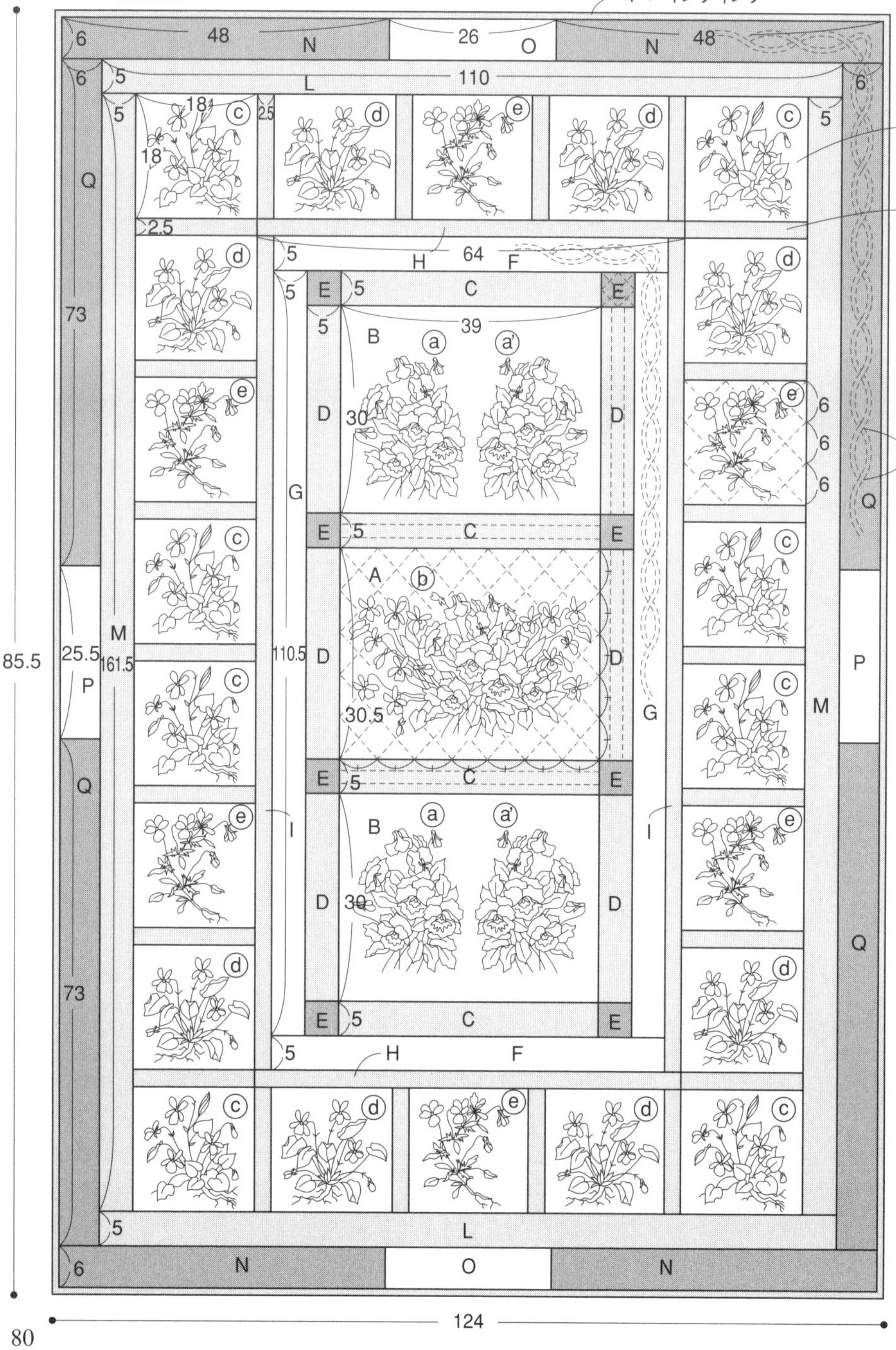

1 バインディング
N 48 O 26 N 48
L 110
K
J
H 64 F
C 39
B ⓐ ⓐ'
D 30
A ⓑ
G
8 キルティング
E
M
P 25.5
Q 73
185.5
161.5
110.5
30.5
I
124

※糸の使用束数は個人差があるので、一応の目安です。

2／5縮尺キルティングライン

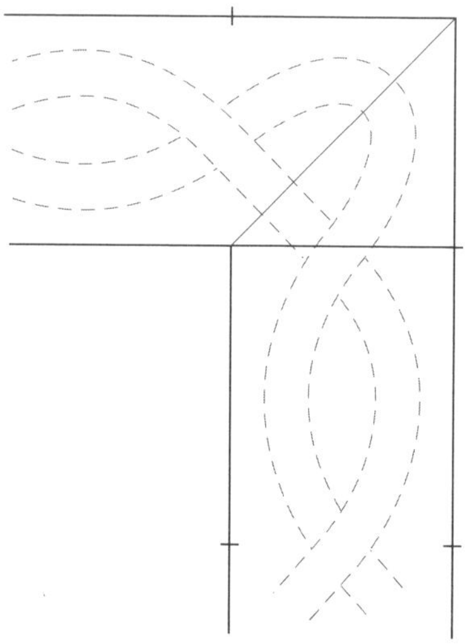

※すべてのモチーフにキルティング
ピースの際には落としキルト

＜布の裁ち方＞

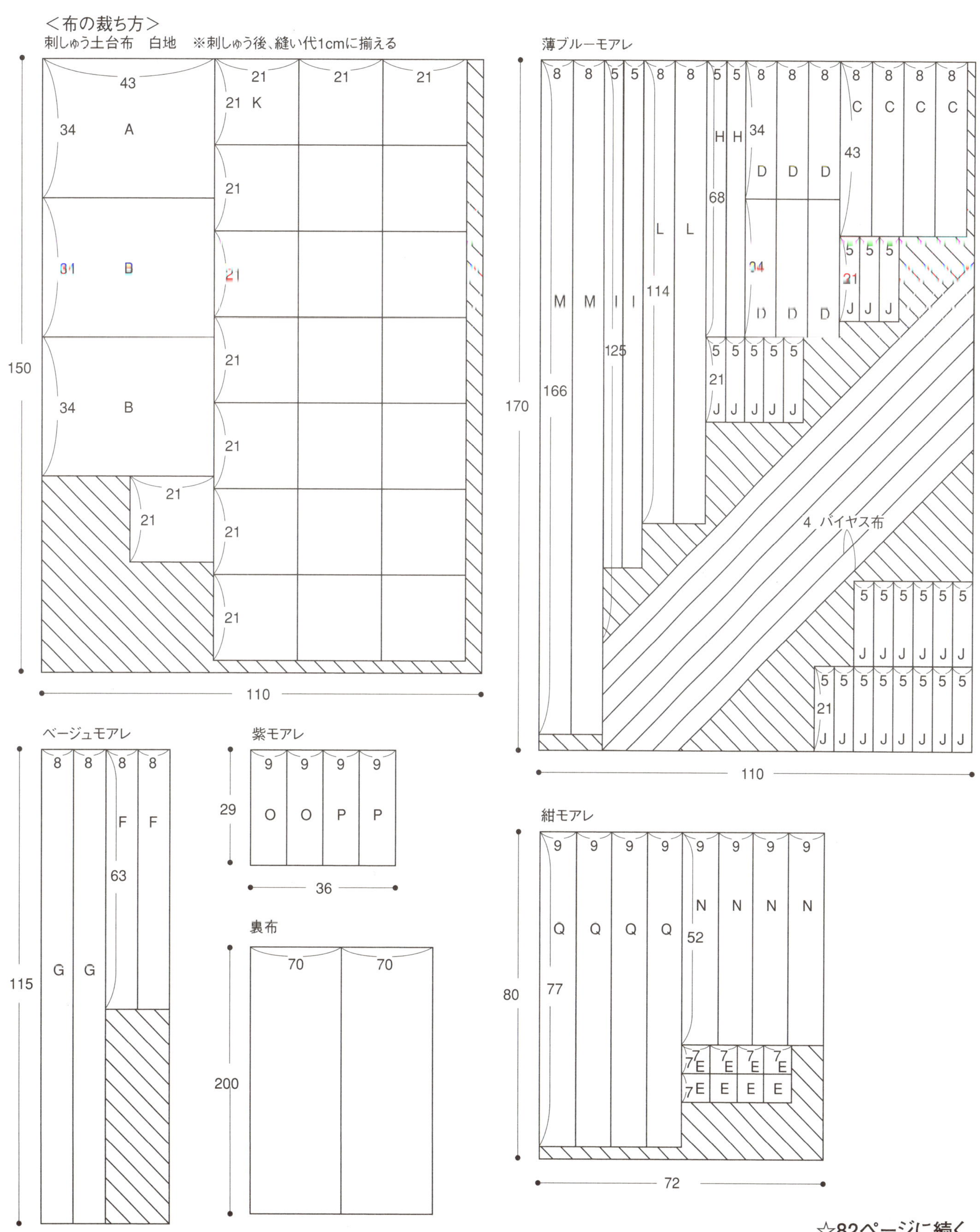
刺しゅう土台布　白地　※刺しゅう後、縫い代1cmに揃える
43
A
34
B
K
21
150
110
21
薄ブルーモアレ
8
5
C
H
D
L
M
I
J
34
43
68
114
125
166
170
4 バイヤス布
ベージュモアレ
F
G
63
115
32
紫モアレ
9
O
P
29
36
裏布
70
200
紺モアレ
Q
N
E
7
52
77
80
72

☆82ページに続く

☆81ページからの続き

＜仕立て方＞

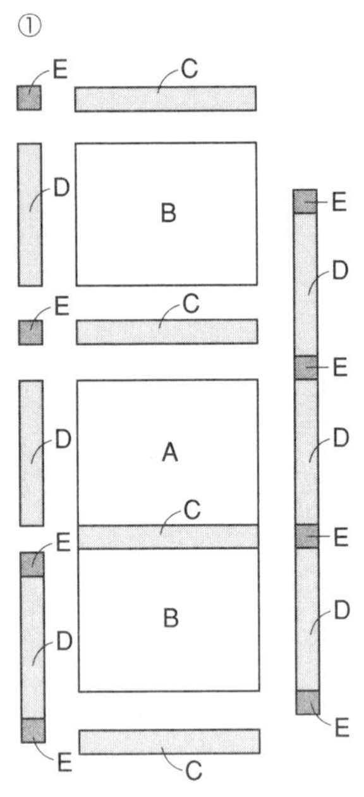
①
E
C
D
B
E
C
D
A
C
E
D
B
E
C
E
D
E
D
E
D
E

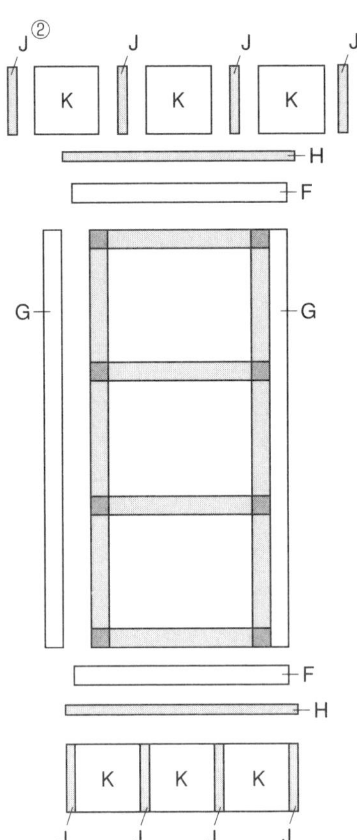
②
J
K
J
K
J
K
J
H
F
G
G
F
H
K
K
K
J
J
J
J

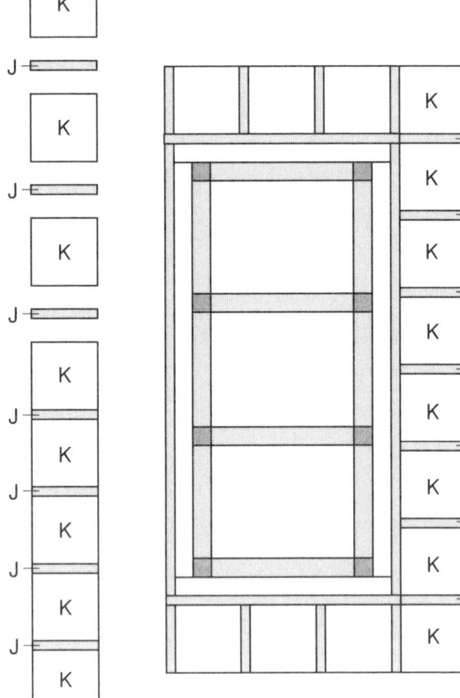
③
K
J
K
J
K
J
K
J
K
J
K
J
K
J
K
J
K
K
J
K
J
K
J
K
J
K
J
K
J
K
J
K
J
K

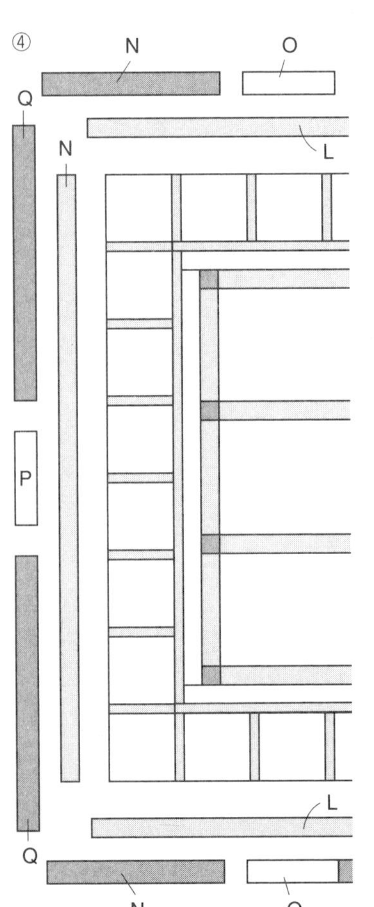
④
N
O
Q
N
L
P
L
Q
N
O

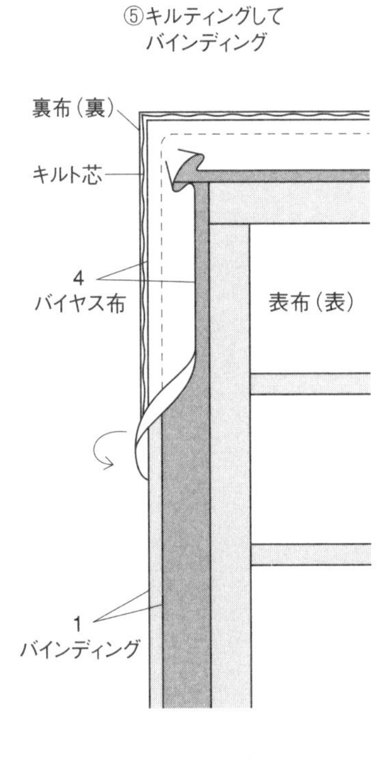
⑤キルティングして
バインディング
裏布（裏）
キルト芯
4
バイヤス布
表布（表）
1
バインディング

でき上がり図

d
185.5
124

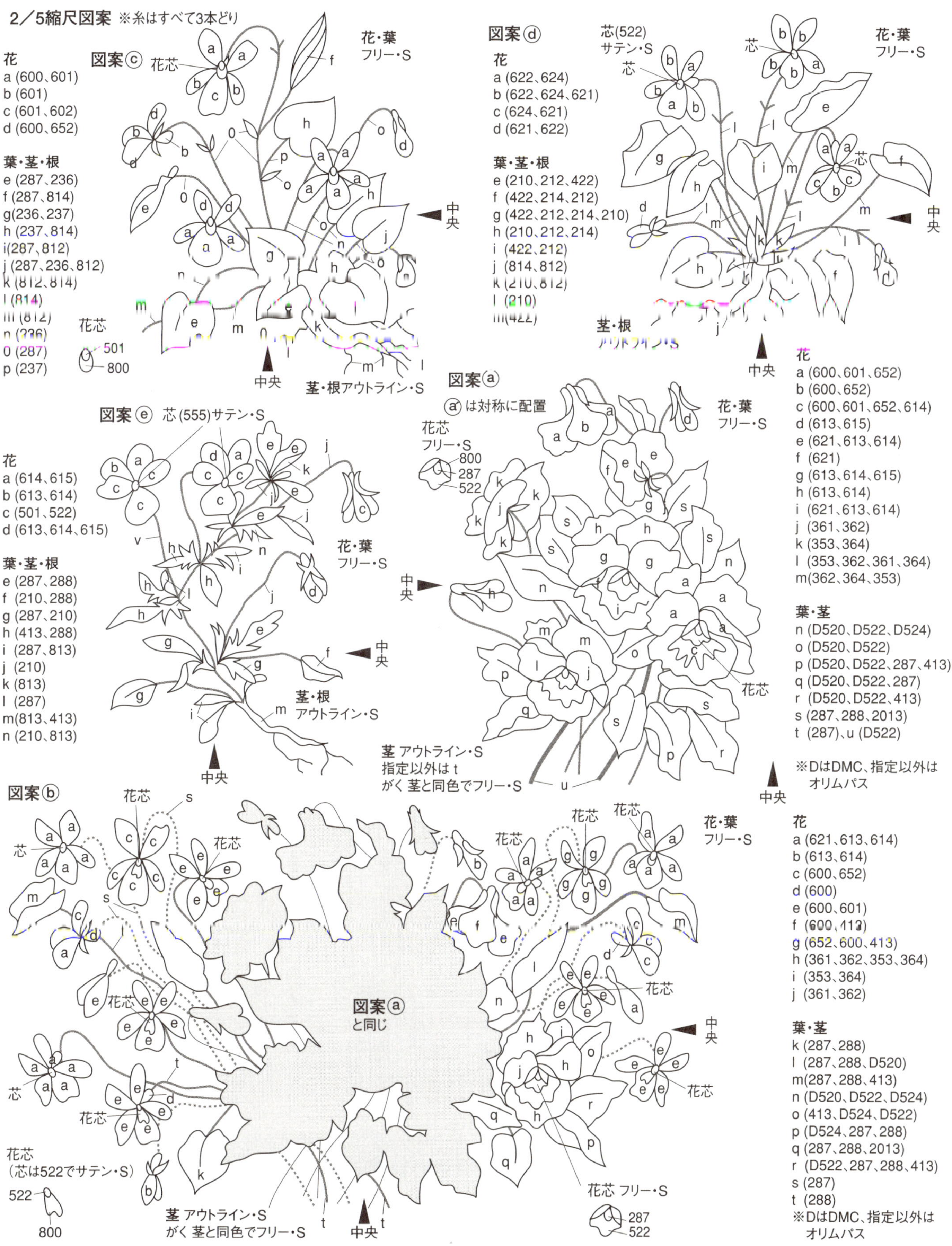

2／5縮尺図案 ※糸はすべて3本どり
図案ⓒ
花
a (600、601)
b (601)
c (601、602)
d (600、652)
葉・茎・根
e (287、236)
f (287、814)
g(236、237)
h (237、814)
i(287、812)
j (287、236、812)
k (812、814)
l (814)
m (812)
n (236)
0 (287)
p (237)
花芯
501
800
花・葉
フリー・S
茎・根アウトライン・S
中央
図案ⓓ
花
a (622、624)
b (622、624、621)
c (624、621)
d (621、622)
葉・茎・根
e (210、212、422)
f (422、214、212)
g (422、212、214、210)
h (210、212、214)
i (422、212)
j (814、812)
k (210、812)
l (210)
m(422)
芯(522)
サテン・S
花・葉
フリー・S
茎・根
アウトライン・S
中央
図案ⓐ
ⓐは対称に配置
花芯
フリー・S
800
287
522
花・葉
フリー・S
花
a (600、601、652)
b (600、652)
c (600、601、652、614)
d (613、615)
e (621、613、614)
f (621)
g (613、614、615)
h (613、614)
i (621、613、614)
j (361、362)
k (353、364)
l (353、362、361、364)
m(362、364、353)
葉・茎
n (D520、D522、D524)
o (D520、D522)
p (D520、D522、287、413)
q (D520、D522、287)
r (D520、D522、413)
s (287、288、2013)
t (287)、u (D522)
※DはDMC、指定以外は
オリムパス
茎 アウトライン・S
指定以外は t
がく 茎と同色でフリー・S
花芯
中央
図案ⓔ 芯(555)サテン・S
花
a (614、615)
b (613、614)
c (501、522)
d (613、614、615)
葉・茎・根
e (287、288)
f (210、288)
g (287、210)
h (413、288)
i (287、813)
j (210)
k (813)
l (287)
m(813、413)
n (210、813)
花・葉
フリー・S
茎・根
アウトライン・S
中央
図案ⓑ
図案ⓐ
と同じ
花・葉
フリー・S
花
a (621、613、614)
b (613、614)
c (600、652)
d (600)
e (600、601)
f (600、413)
g (652、600、413)
h (361、362、353、364)
i (353、364)
j (361、362)
葉・茎
k (287、288)
l (287、288、D520)
m(287、288、413)
n (D520、D522、D524)
o (413、D524、D522)
p (D524、287、288)
q (287、288、2013)
r (D522、287、288、413)
s (287)
t (288)
※DはDMC、指定以外は
オリムパス
花芯
(芯は522でサテン・S)
522
800
茎 アウトライン・S
がく 茎と同色でフリー・S
花芯 フリー・S
287
522
中央

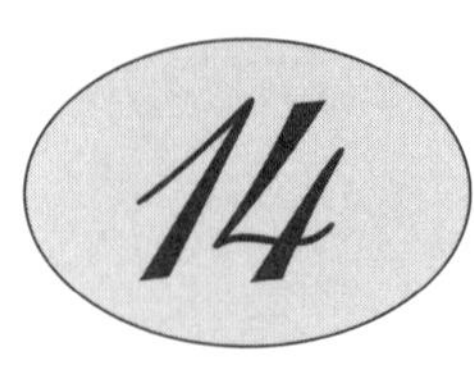

26ページの作品

すみれを摘む少女たち girls with violets

●**材料** 麻布…白無地110×250cm、木綿布…薄ブルーモアレ110×190cm、白地プリント(裏布用)90×400cm、キルト芯200×140cm。
DMC25番刺しゅう糸…白・茶・黄系(743、744、745、841、3774、728各1束、BLANC、676各3束)、ブルー・紫系(162、333、334、340、341、800、809、931、3325、3755各1束、793、794各3束、157、159、160、161各4束)、ローズ系(225、3328各1束)、グリーン系(472、3053、3013、3348各1束、469-2束、471、3363各4束、3364-5束)。

●**でき上がり寸法** 184×124cm。

●**作り方**
[1]白麻布を裁ち、図案を200%に拡大して写し、刺しゅうをします。
[2]薄ブルーモアレ布を裁ち、刺しゅう布とパッチワークしてトップを完成します。
[3]トップにキルティングラインを引き、裏布とトップの間にキルト芯をはさみんでしつけをし、刺しゅう部分以外をキルティングします。
[4]周囲をバインディングして仕上げます。

キルト配置図

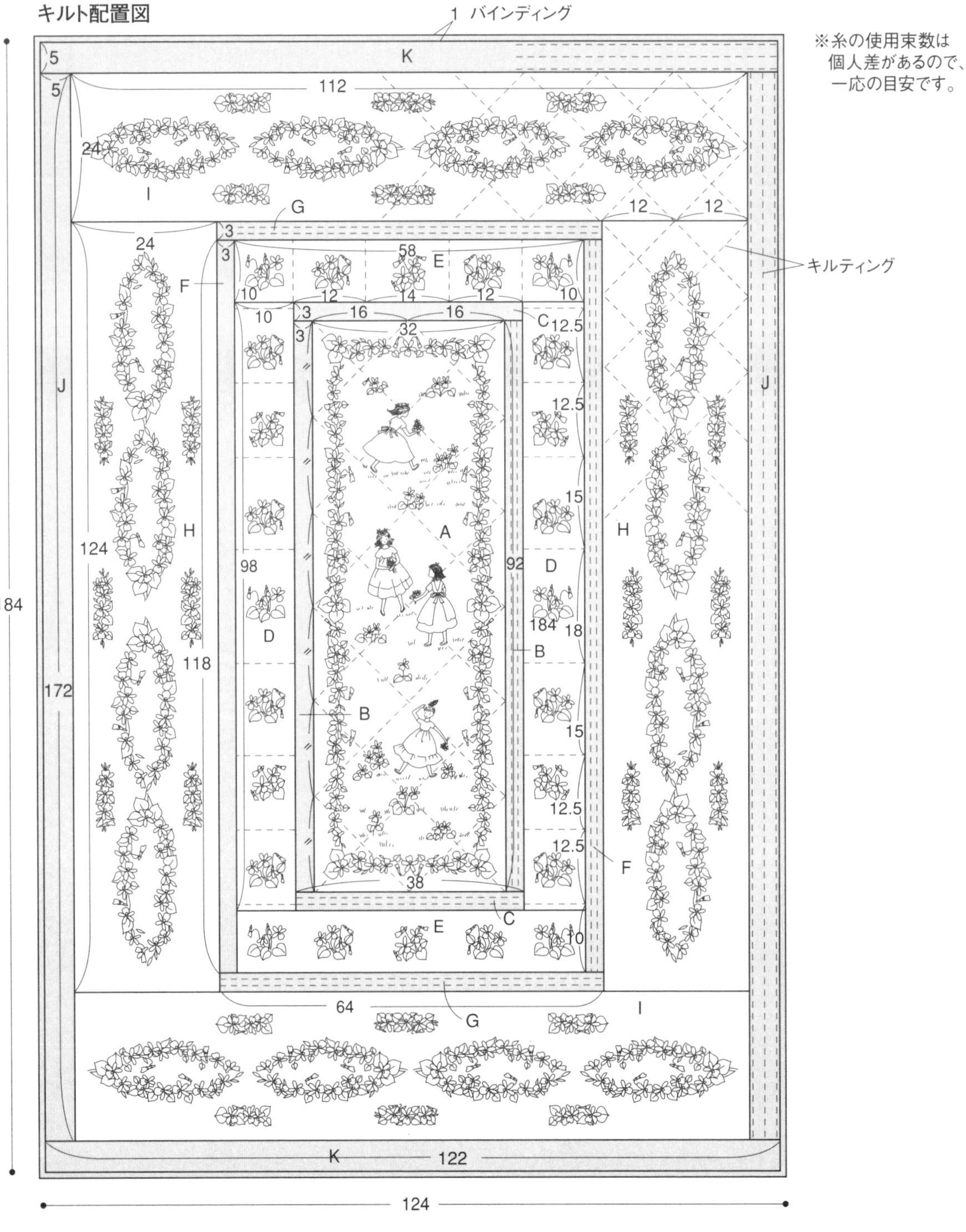

※糸の使用束数は個人差があるので、一応の目安です。

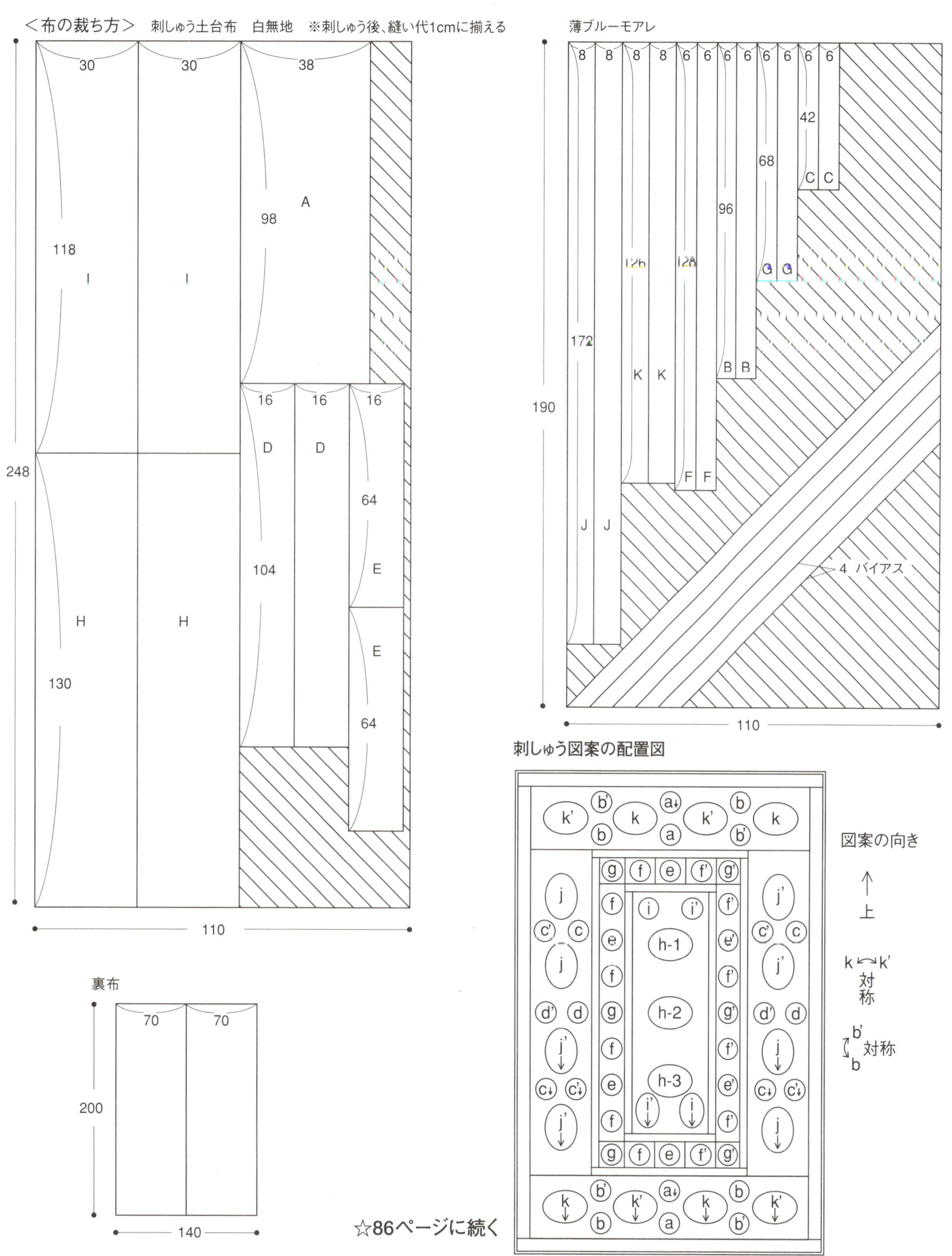

＜布の裁ち方＞　刺しゅう土台布　白無地　※刺しゅう後、縫い代1cmに揃える
30
30
38
118
I
I
98
A
248
16
16
16
D
D
64
104
E
H
H
E
130
64
110
薄ブルーモアレ
8
8
8
8
6
6
6
6
6
6
6
6
42
C
C
68
96
126
128
G
G
172
K
K
B
B
190
F
F
J
J
4 バイアス
110
裏布
70
70
200
140
刺しゅう図案の配置図
図案の向き
上
k⟷k'
対称
b'
b
対称

☆86ページに続く

☆85ページからの続き

＜仕立て方＞

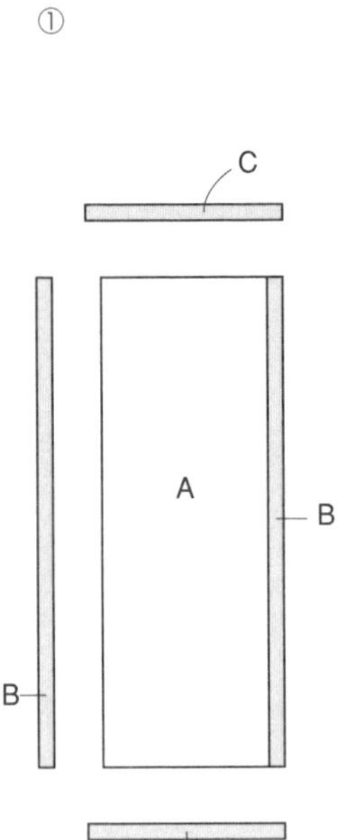
①
C
A
B
B
C

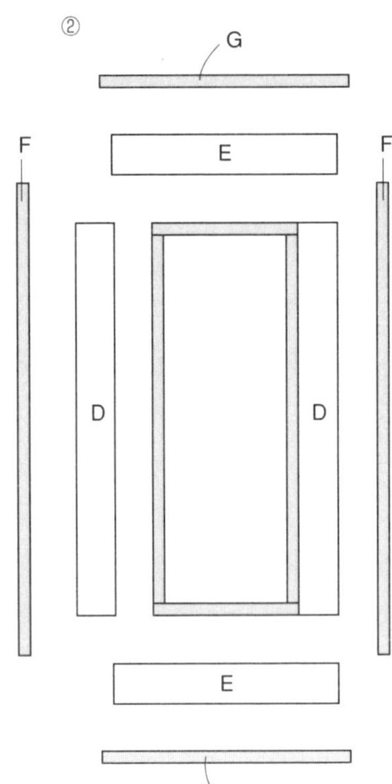
②
G
F
E
F
D
D
E
G

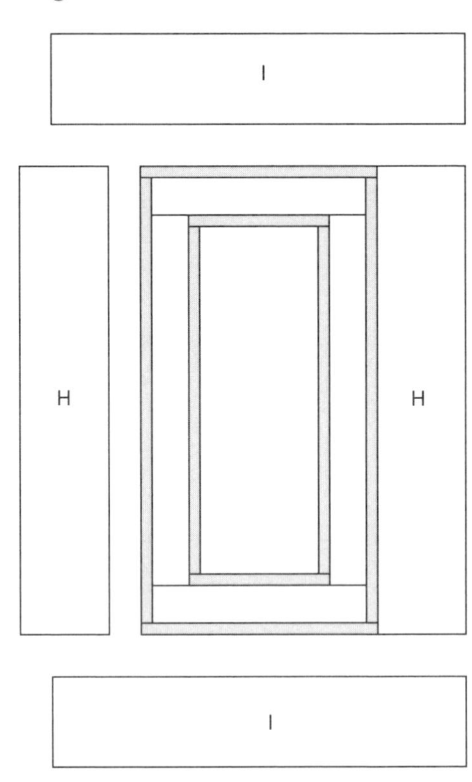
③
I
H
H
I

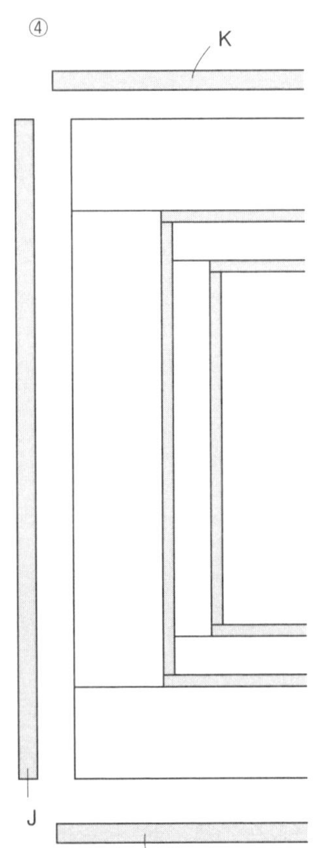
④
K
J
K

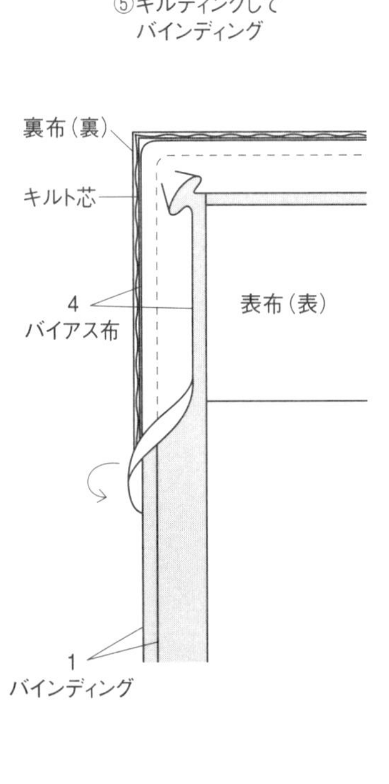
⑤キルティングして
バインディング
裏布（裏）
キルト芯
4
バイアス布
表布（表）
1
バインディング

でき上がり図

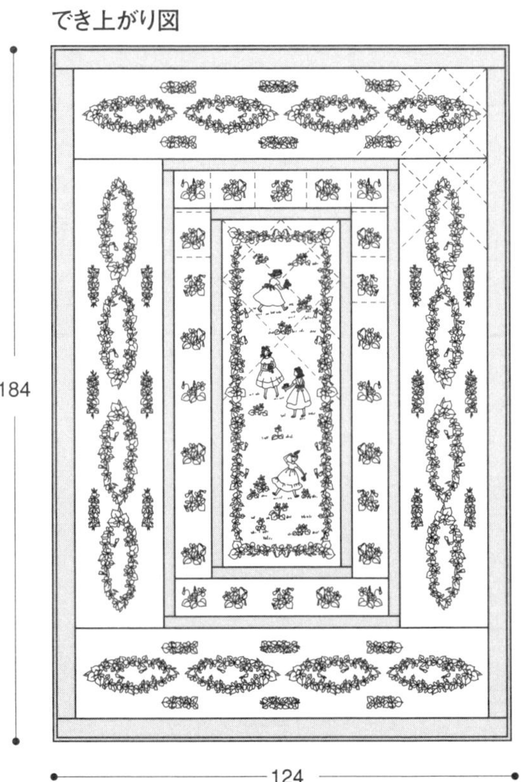
184
124

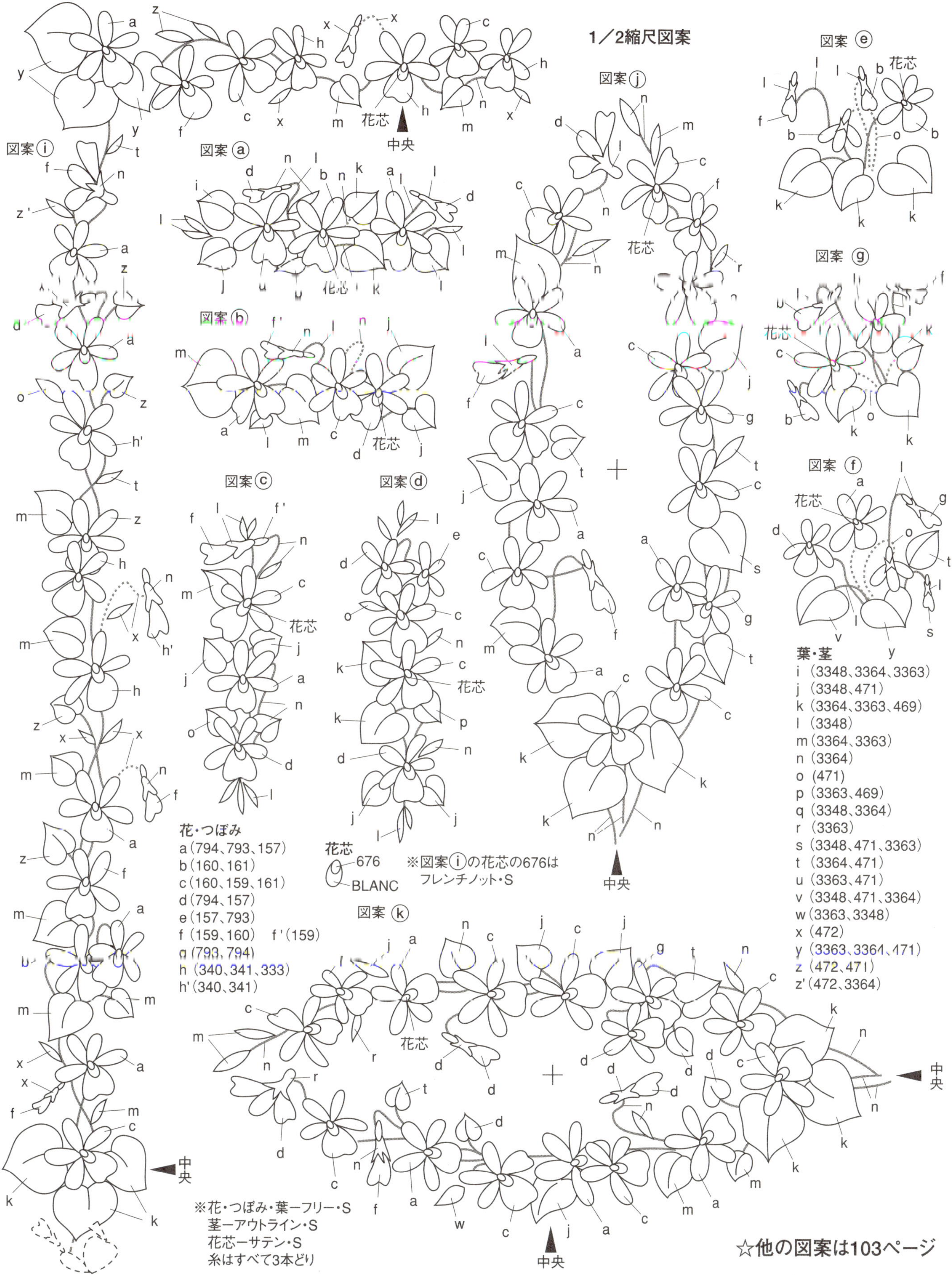
1／2縮尺図案
図案ⓐ
図案ⓑ
図案ⓒ
図案ⓓ
図案ⓔ
図案ⓕ
図案ⓖ
図案ⓘ
図案ⓙ
図案ⓚ
中央
花芯
花・つぼみ
a（794、793、157）
b（160、161）
c（160、159、161）
d（794、157）
e（157、793）
f（159、160） f '（159）
g（793、794）
h（340、341、333）
h'（340、341）
花芯
676
BLANC
※図案ⓘの花芯の676は
フレンチノット・S
葉・茎
i（3348、3364、3363）
j（3348、471）
k（3364、3363、469）
l（3348）
m（3364、3363）
n（3364）
o（471）
p（3363、469）
q（3348、3364）
r（3363）
s（3348、471、3363）
t（3364、471）
u（3363、471）
v（3348、471、3364）
w（3363、3348）
x（472）
y（3363、3364、471）
z（472、471）
z'（472、3364）
※花・つぼみ・葉ーフリー・S
茎ーアウトライン・S
花芯ーサテン・S
糸はすべて3本どり
☆他の図案は103ページ

15

百合 lilies

28ページの作品

●材料 麻布(DMCリネン1cm=12目) a ベージュ(col.842)40×40cm、クリーム色(col.712)85×45cm、b ベージュとクリーム色の布を反対に使用、a・b共通 40cm丈ファスナー各1本、パンヤ350g入り中袋44×44cm各1個。
DMC25番刺しゅう糸…a 茶色(3790-3束)、b ベージュ(3782-3束)。

●でき上がり寸法 42×42cm。

●作り方

[1]縫い代を多めにつけた土台布に図案を200%に拡大して写し、刺しゅうをします。
[2]刺しゅう布の周囲につける布を裁ちます。
[3]周囲に縁布をパッチワークします。
[4]縫い代を倒し、ミシンステッチをします。
[5]ファスナーを付けて中表にし、上下を縫って表に返し、中袋を入れます。

クッション前側配置図

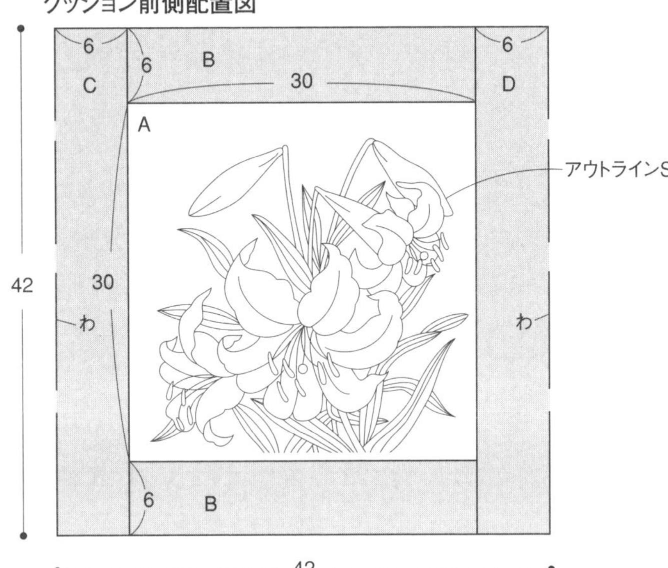
6
6
B
30
6
C
D
A
アウトラインS
42
30
わ
わ
6
B
42

後側

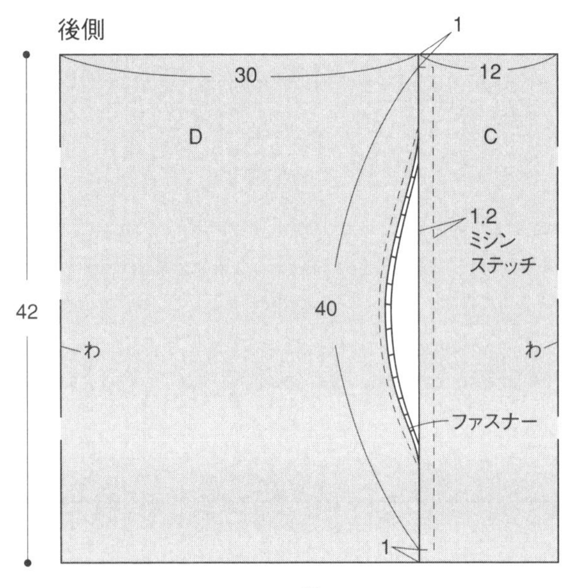
1
30
12
D
C
1.2
ミシン
ステッチ
42
40
わ
わ
ファスナー
1
42

<布の裁ち方>

刺しゅう土台布(40×40の大きさで刺しゅうをし、完成させてから裁断する)
a ベージュ b クリーム色

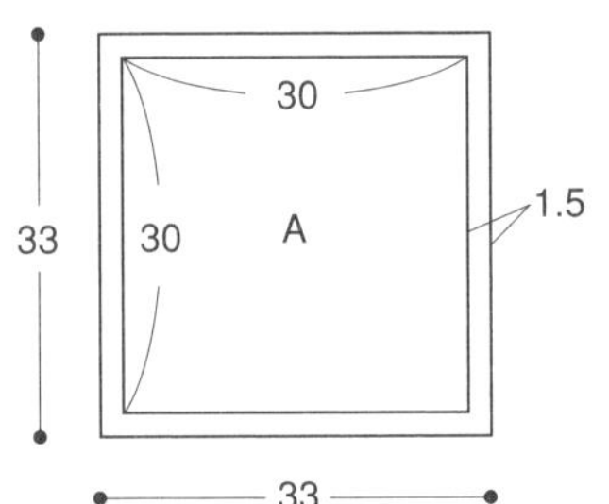
30
33
30
A
1.5
33

a クリーム色 b ベージュ

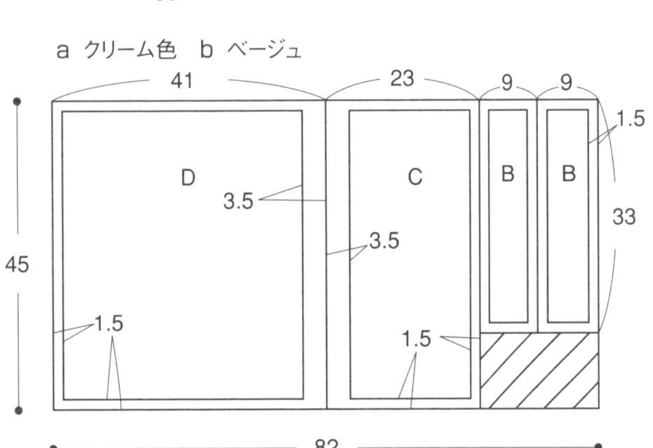
41
23
9
9
1.5
D
3.5
C
B
B
33
45
3.5
1.5
1.5
82

<仕立て方> パッチワークの順序

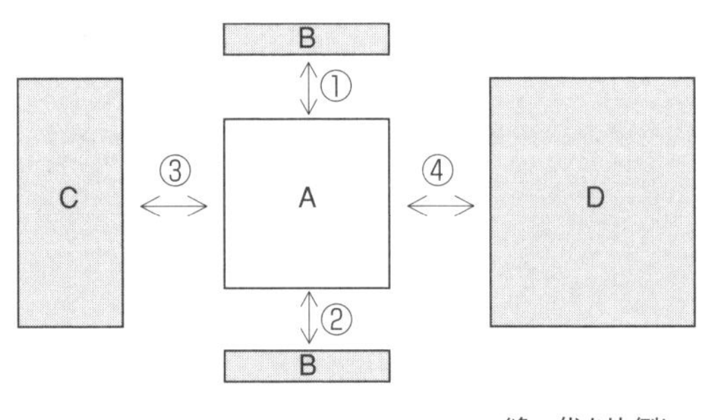
B
①
C
③
A
④
D
②
B

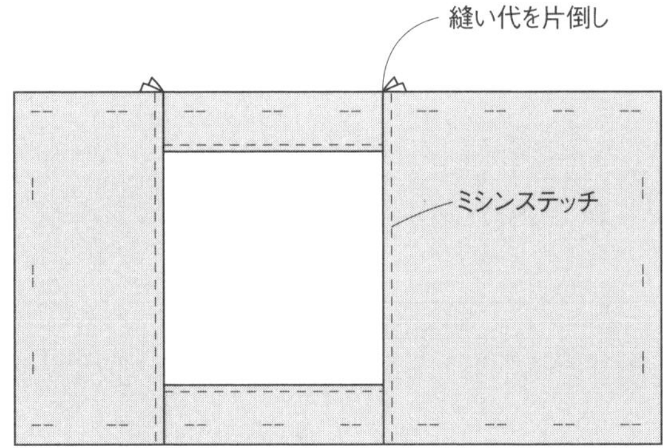
縫い代を片倒し
ミシンステッチ

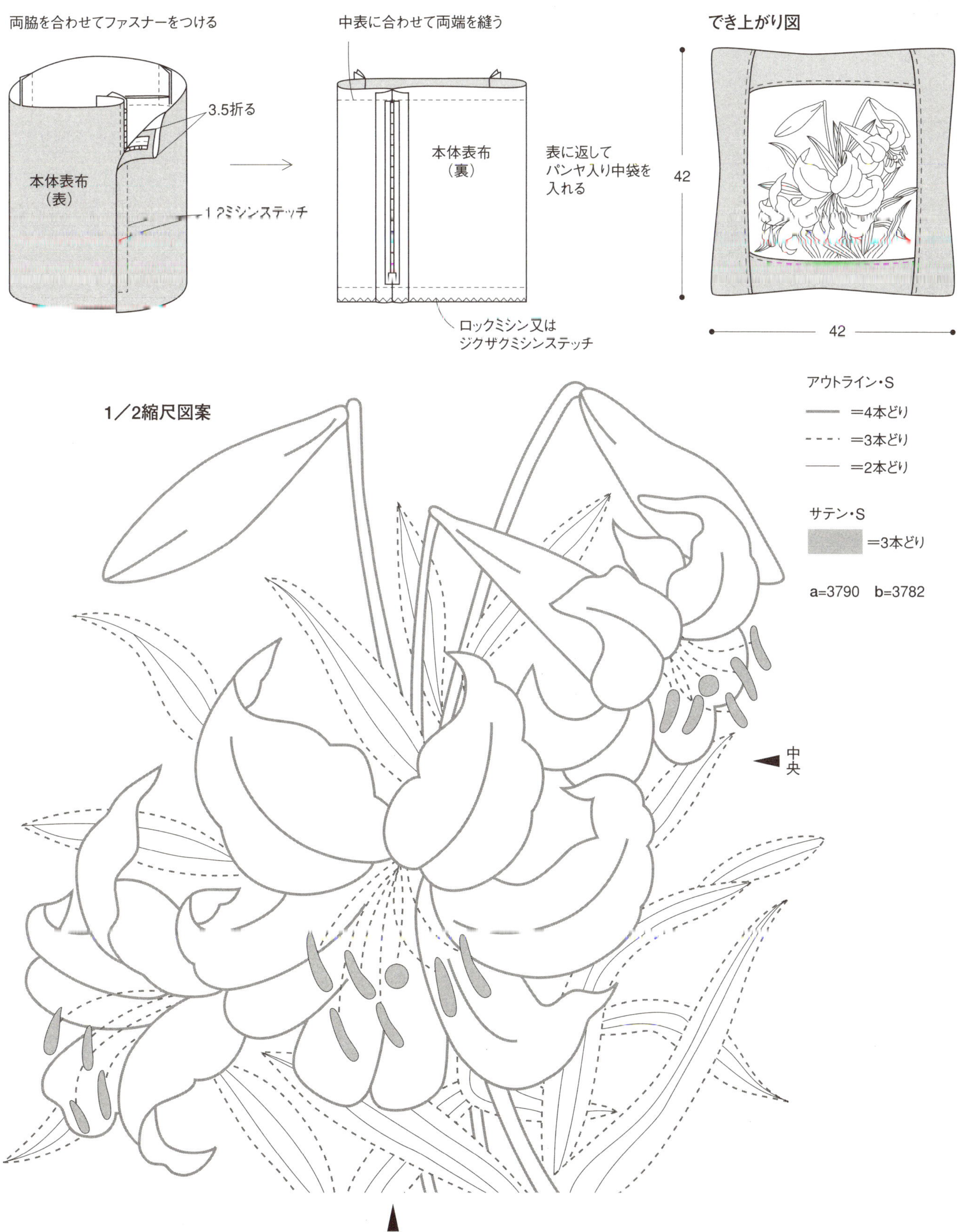

両脇を合わせてファスナーをつける
3.5折る
本体表布
（表）
1.2ミシンステッチ
中表に合わせて両端を縫う
本体表布
（裏）
表に返して
パンヤ入り中袋を
入れる
ロックミシン又は
ジグザグミシンステッチ
でき上がり図
42
42
1／2縮尺図案
アウトライン・S
＝4本どり
＝3本どり
＝2本どり
サテン・S
＝3本どり
a=3790　b=3782
中央
中央

バラ a rose

29ページの作品

●材料 グレー麻布90×50cm、茶色木綿チェック(裏布用)80×40cm、12.5mm幅茶色バイヤステープ280cm。
オリムパス25番刺しゅう糸…ローズ系(1603-1束)、茶系(745-2束、743-1束)。

●でき上がり寸法 36×33.2cm。

●作り方

[1]縫い代を多めにつけて布を裁ち、図案を200%に拡大して写し、刺しゅうをします。
[2]バッグの持ち手を作ります。
[3]表布と裏布を中表に合わせ、持ち手をはさんで、口を縫います。
[4]表に返し、両サイドを茶色のバイヤステープでパイピング処理をして仕上げます。

バッグ配置図 (表布・裏布各1枚) 
72
32
持ち手(2枚) 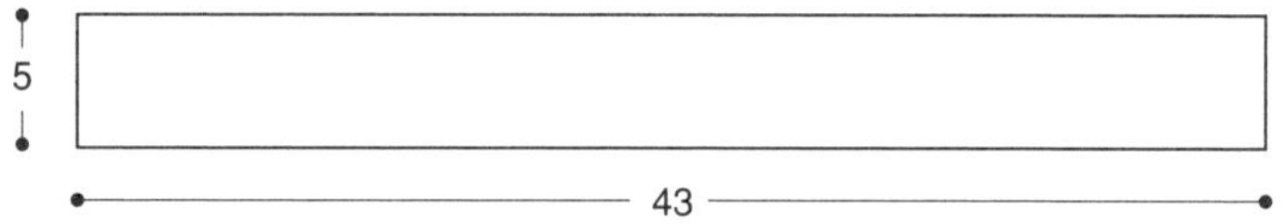
5
43
<布の裁ち方> 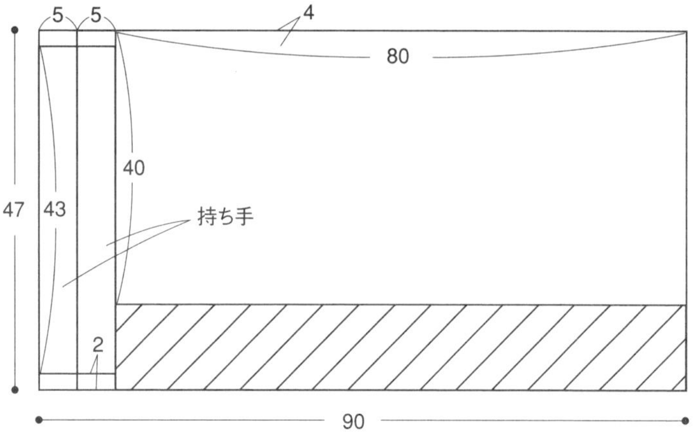
5
5
4
80
40
47
43
持ち手
2
90
<仕立て方>
①
しつけ
10
刺しゅう後縫い代を切り揃える
2
持ち手
表布(表)
持ち手
2
10
② 表布と裏布を中表に合わせて上・下を縫う
表布(表)
裏布(裏)
2
表に返す
③
0.3ミシンステッチ
表布(表)
裏布(裏)
0.3ミシンステッチ

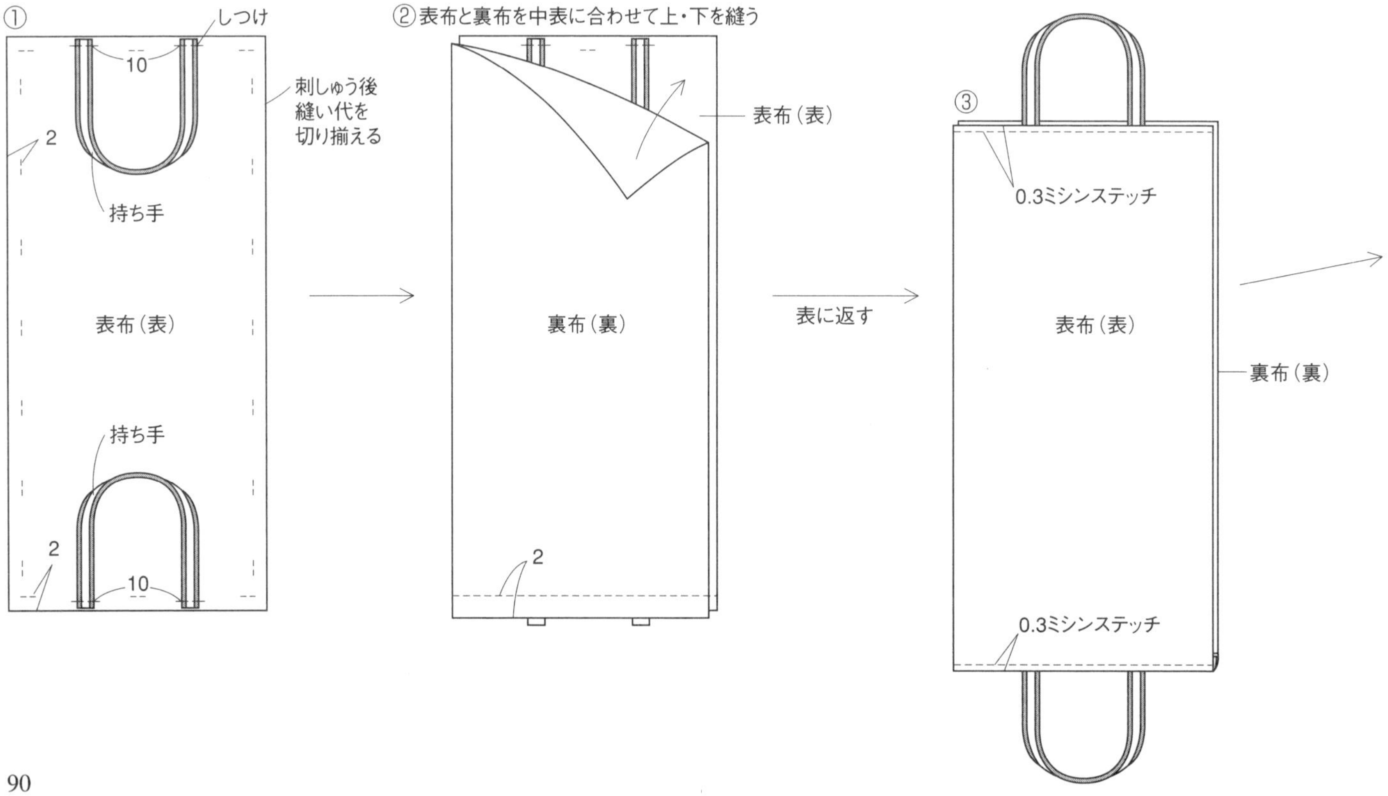

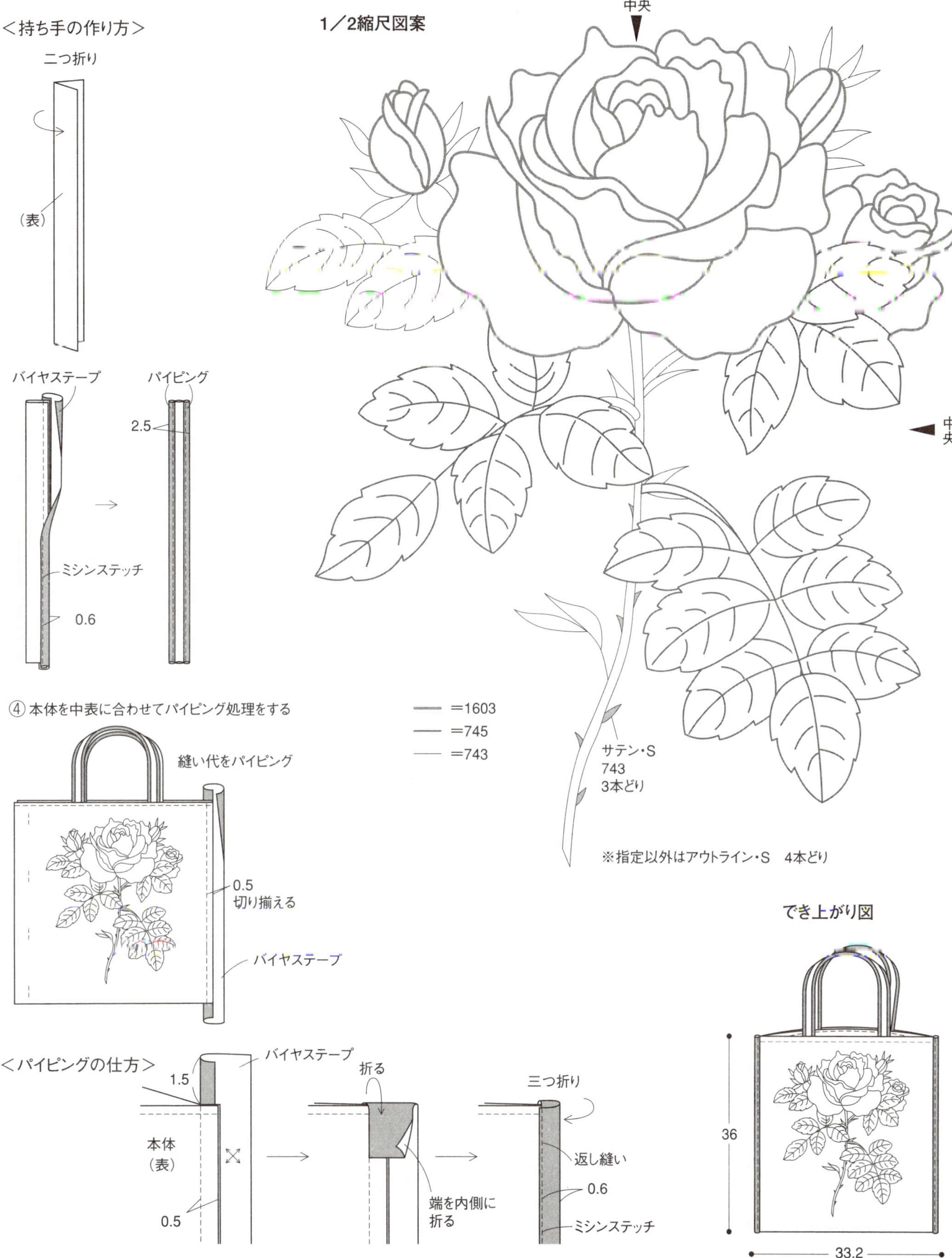
＜持ち手の作り方＞
二つ折り
（表）
バイヤステープ
パイピング
2.5
ミシンステッチ
0.6
④ 本体を中表に合わせてパイピング処理をする
縫い代をパイピング
0.5
切り揃える
バイヤステープ
＜パイピングの仕方＞
1.5
バイヤステープ
本体
（表）
0.5
折る
端を内側に
折る
三つ折り
返し縫い
0.6
ミシンステッチ
1／2縮尺図案
中央
中央
＝1603
＝745
＝743
サテン・S
743
3本どり
※指定以外はアウトライン・S　4本どり
でき上がり図
36
33.2

バラ roses

30ページの作品

●材料 薄グレー麻布65×70cm、ブルー木綿布(裏布用)50×70cm、12.5mm幅のブルーバイヤステープ200cm。オリムパス25番刺しゅう糸…ピンク系(651、1702、1703、1704、1705、1706各1束)、ブルー(312-5束)、グリーン系(235、236、237、287、2051各1束、814-2束)。

●でき上がり寸法 26×34×6cm。

●作り方

[1]布を裁ち、図案を200%に拡大して写し、刺しゅうをします。

[2]持ち手を2本作ります。

[3]ポケットを後側に縫い付けます。

[4]表布と裏布を中表に合わせ、持ち手をはさみ、口を縫います。

[5]両脇は返し口を残して縫い、表布と裏布の底にまちを作って表に返し、返し口をまつります。

[6]口と脇にミシンステッチをして仕上げます。

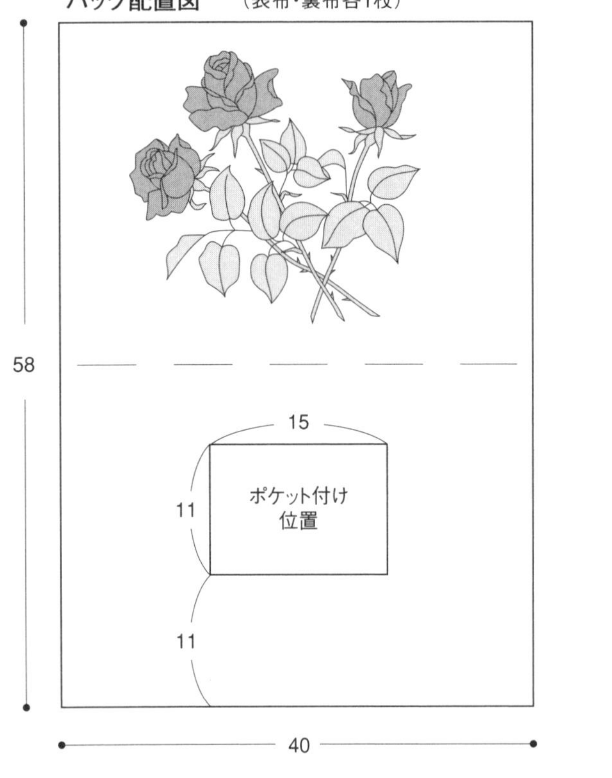

バッグ配置図 (表布・裏布各1枚)
58
15
11
ポケット付け位置
11
40

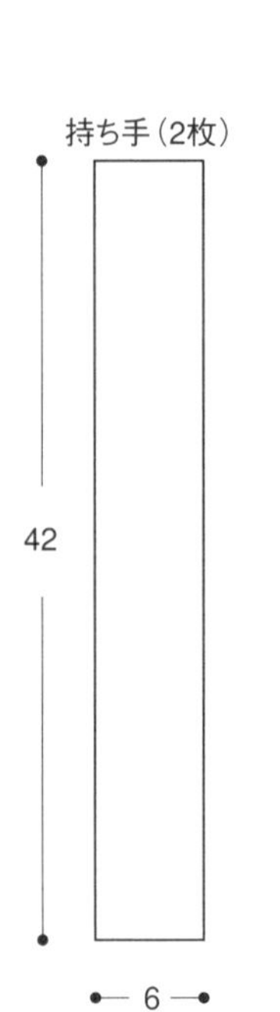

持ち手(2枚)
42
6

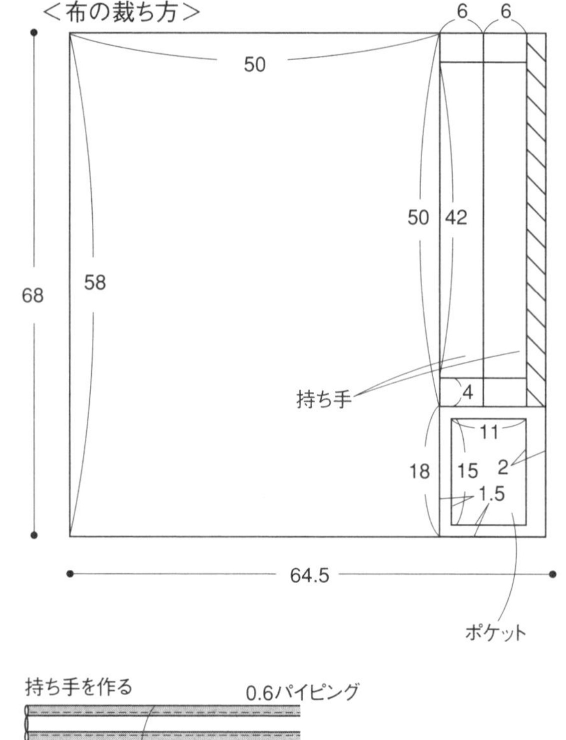

<布の裁ち方>
6
6
50
50
42
68
58
持ち手
4
11
18
15
2
1.5
64.5
ポケット

持ち手を作る 0.6パイピング 3

※持ち手の作り方は90ページを参照

<仕立て方>

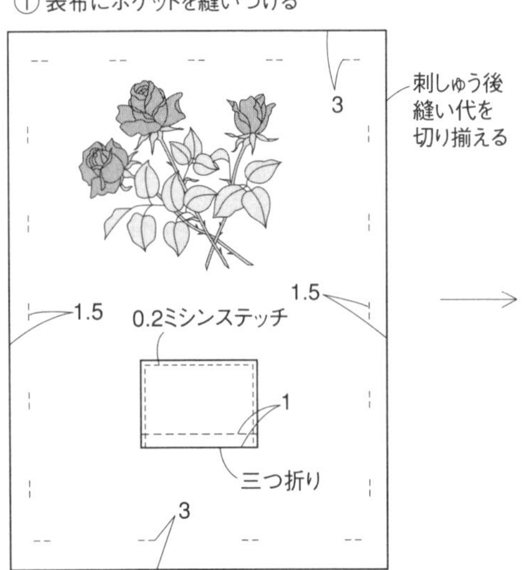

① 表布にポケットを縫いつける
3
刺しゅう後
縫い代を
切り揃える
1.5
1.5
0.2ミシンステッチ
1
三つ折り
3

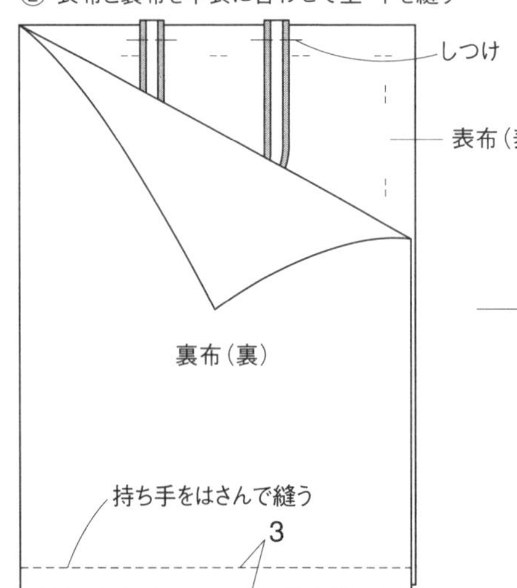

② 表布と裏布を中表に合わせて上・下を縫う
しつけ
表布(表)
裏布(裏)
持ち手をはさんで縫う
3

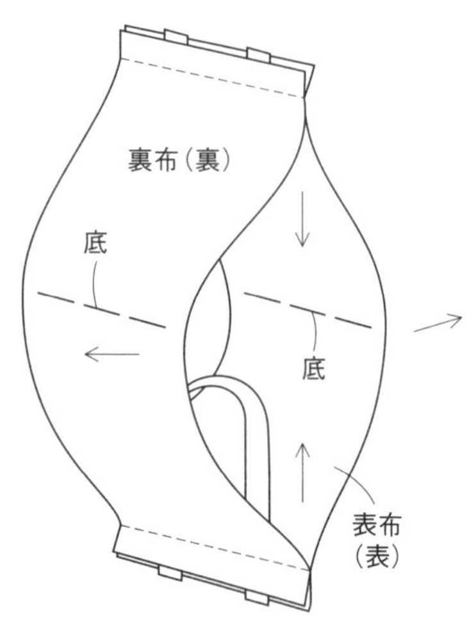

③ 表布と裏布の底を折る
裏布(裏)
底
底
表布
(表)

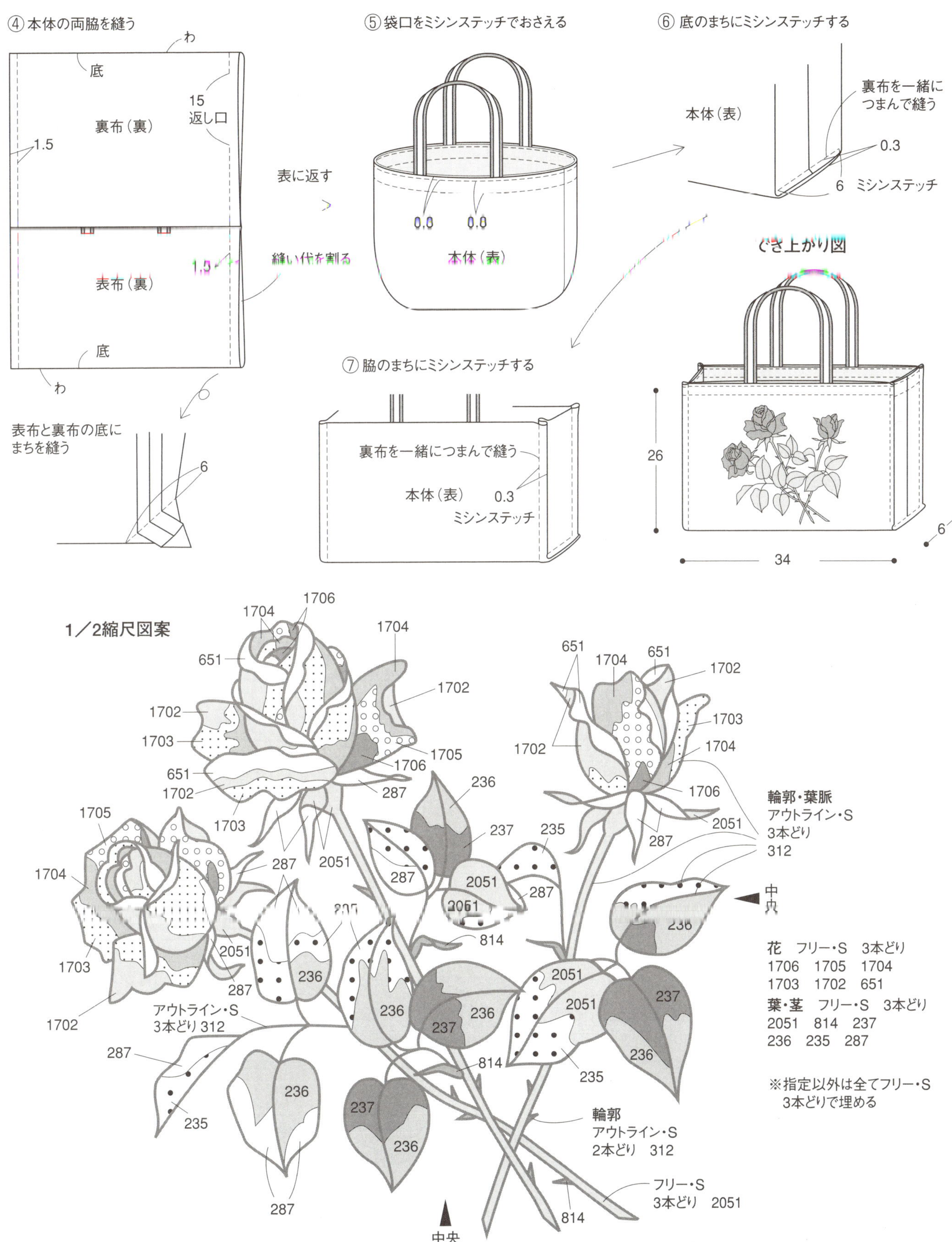
④本体の両脇を縫う
わ
底
15
返し口
裏布（裏）
1.5
表布（裏）
1.5
縫い代を割る
底
わ
表布と裏布の底に
まちを縫う
6
表に返す
⑤袋口をミシンステッチでおさえる
0.3
0.3
本体（表）
⑥底のまちにミシンステッチする
本体（表）
裏布を一緒に
つまんで縫う
0.3
6
ミシンステッチ
でき上がり図
⑦脇のまちにミシンステッチする
裏布を一緒につまんで縫う
本体（表）
0.3
ミシンステッチ
26
6
34
1／2縮尺図案
1704
1706
1704
651
1702
1702
1703
1705
651
1706
1702
287
1703
236
1705
287
2051
237
235
1704
287
287
2051
287
1703
2051
814
236
2051
287
236
236
1702
アウトライン・S
3本どり 312
237
236
237
236
814
235
287
236
235
237
236
287
814
輪郭
アウトライン・S
2本どり 312
フリー・S
3本どり 2051
中央
651
1704
651
1702
1703
1702
1704
1706
2051
287
輪郭・葉脈
アウトライン・S
3本どり
312
中央
236
花 フリー・S 3本どり
1706 1705 1704
1703 1702 651
葉・茎 フリー・S 3本どり
2051 814 237
236 235 287
※指定以外は全てフリー・S
3本どりで埋める

ピアノのキーカバー a key-board cover

✳✳✳✳✳✳✳✳

32ページの作品

✳✳✳✳✳✳✳✳

●材料 薄ブルー麻布125×20cm、ブルービロード地(裏布用)125×20cm、16mm幅のブルーバイヤステープ280cm。DMC25番刺しゅう糸…紫・ブルー系(932-2束、340、3746、336、828、930各1束)、ピンク系(3350、3354、3731、3733各1束)、白・黄系(BLANC、743、972各1束)、グリーン系(320、3013、3363、3364)各1束。

●でき上がり寸法 15×120cm。

●作り方

[1]布の中央に400%に拡大した図案の中心を合わせて写し、花のサンプラーを参照して刺しゅうをします。

[2]表布と裏布を外表に合わせ、周囲をバイヤステープでパイピング処理して仕上げます。

ピアノのキーカバー配置図

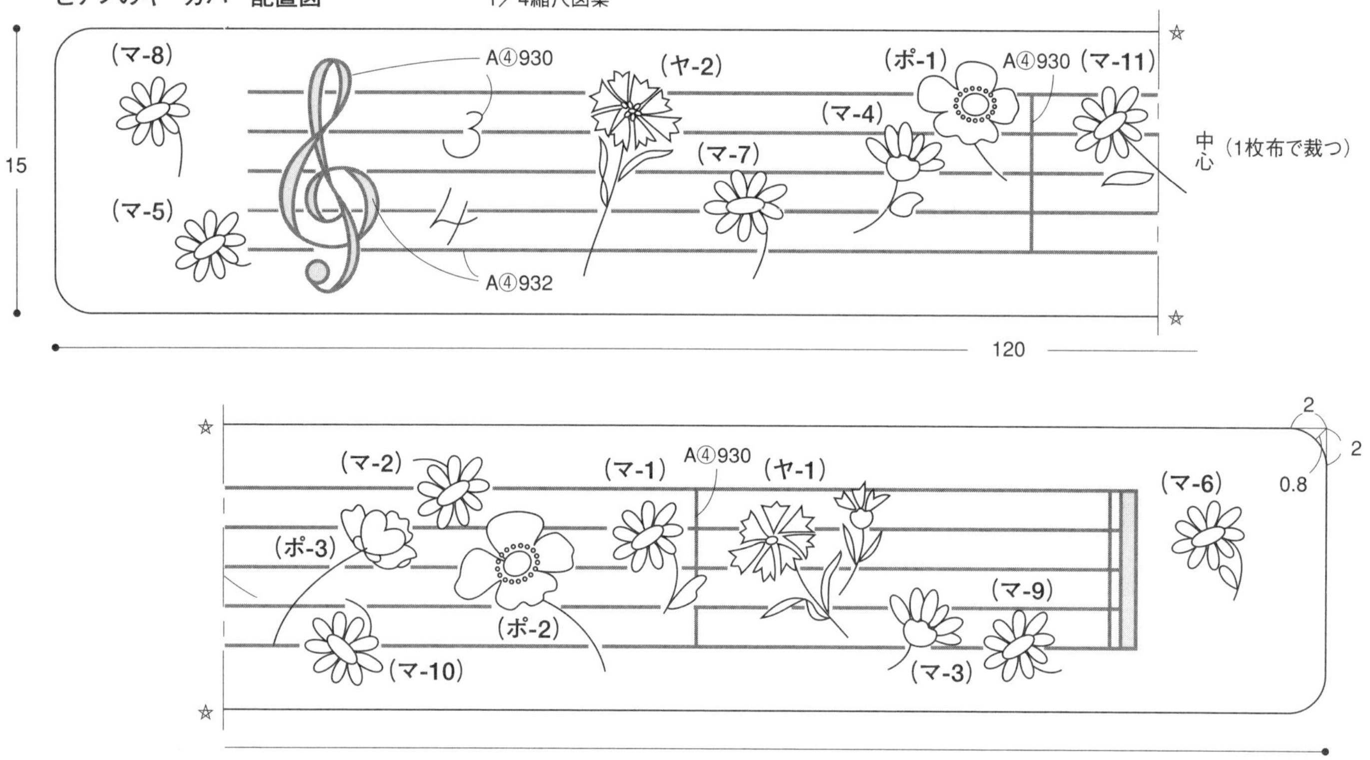

1／4縮尺図案
(マ-8)
(マ-5)
A④930
A④932
(ヤ-2)
(マ-7)
(マ-4)
(ポ-1)
A④930
(マ-11)
中心（1枚布で裁つ）
15
120
(マ-2)
(マ-1)
A④930
(ヤ-1)
(マ-6)
(ポ-3)
(ポ-2)
(マ-10)
(マ-9)
(マ-3)
2
2
0.8

＜仕立て方＞（裁ち切り、裏布同寸）

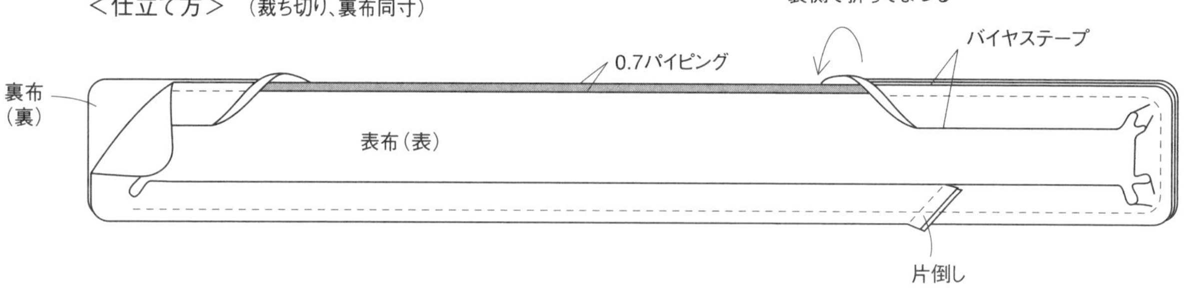

裏側で折ってまつる
バイヤステープ
0.7パイピング
裏布（裏）
表布（表）
片倒し

でき上がり図

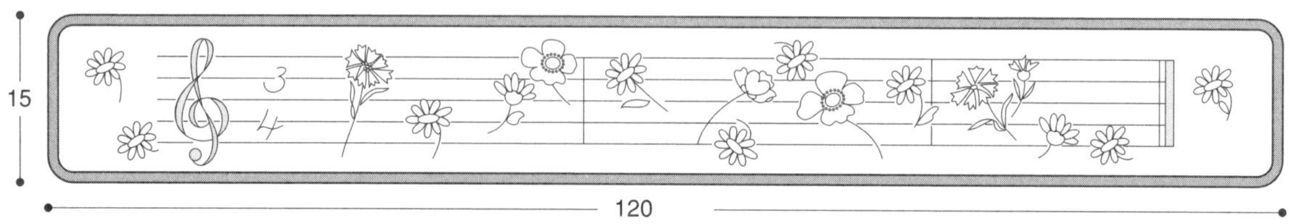

15
120

20

小さな花のサンプラー　a sampler

33ページの作品

1／2縮尺図案

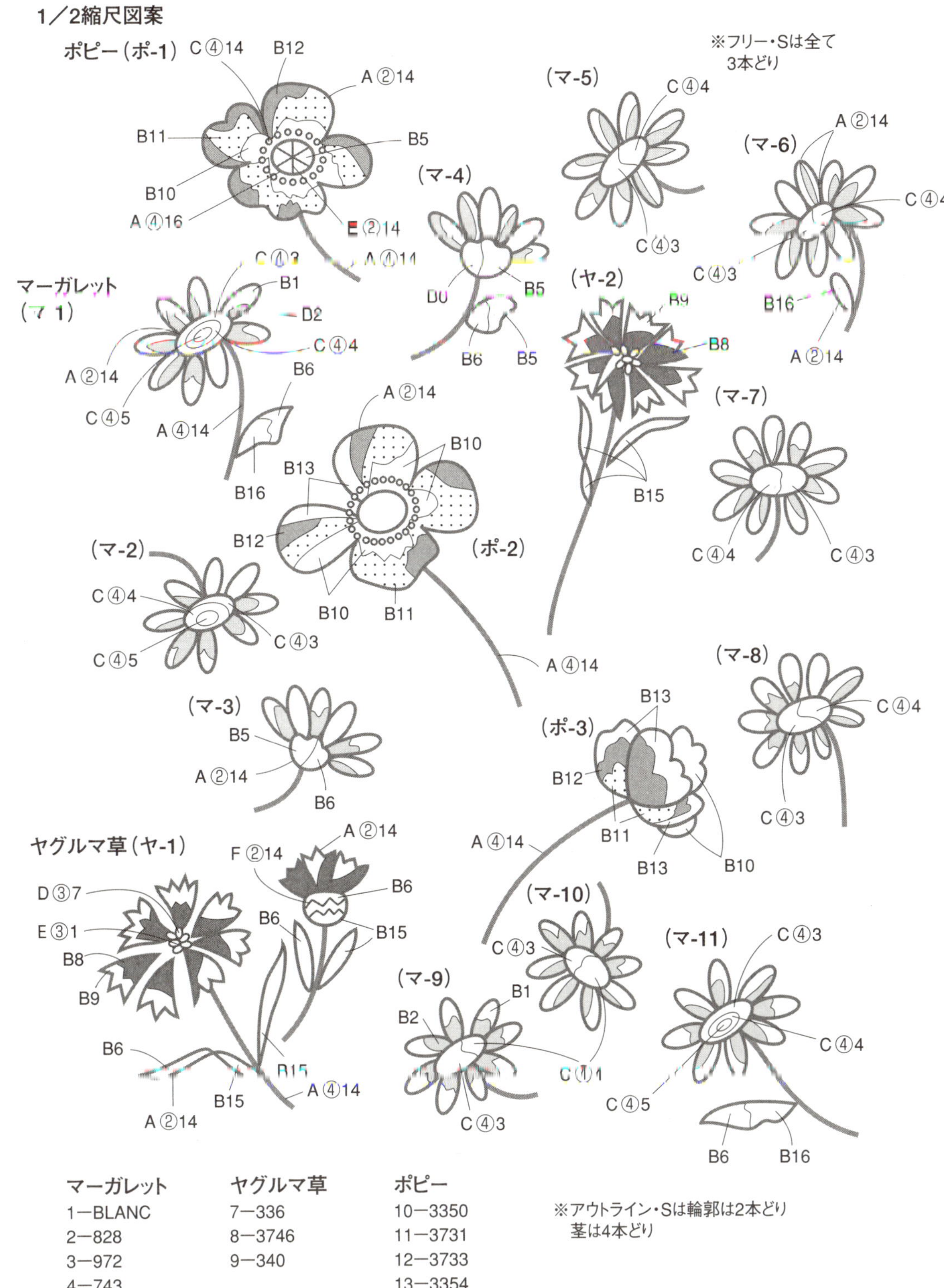

ポピー（ポ-1）
※フリー・Sは全て3本どり
マーガレット（マ-1）
（マ-2）
（マ-3）
（マ-4）
（マ-5）
（マ-6）
（マ-7）
（マ-8）
（マ-9）
（マ-10）
（マ-11）
（ポ-2）
（ポ-3）
（ヤ-2）
ヤグルマ草（ヤ-1）

A−アウトライン・S
B−フリー・S
C−フレンチノット・S
D−サテン・S
E−ストレート・S
F−フライ・S
※○の中の数字は糸の本数

マーガレット
1−BLANC
2−828
3−972
4−743
5−3013
6−3364

ヤグルマ草
7−336
8−3746
9−340

ポピー
10−3350
11−3731
12−3733
13−3354

各花の輪郭・茎・葉
14−932
15−320
16−3363
6−3364

※アウトライン・Sは輪郭は2本どり
茎は4本どり

カントリーサイド in the country

✣✣✣✣✣✣✣

31ページの作品

✣✣✣✣✣✣✣

●**材料** アイボリー麻布35×30cm。
オリムパス25番刺しゅう糸…グリーン系（210、235、237、238、287、293、294）、ローズ系(1702、1704、1705)、ブルー系(312、622、3050、3051)、茶・黄系(581、743、744、745)、その他(416、800)各1束。

●**でき上がり寸法** 外径34×28cm

●**作り方**
[1]図案を125%に拡大し、布の中央において写します。
[2]中央の木から始め、好みの順序で刺し進みます。
[3]額に入れて仕上げます。

4／5縮尺図案

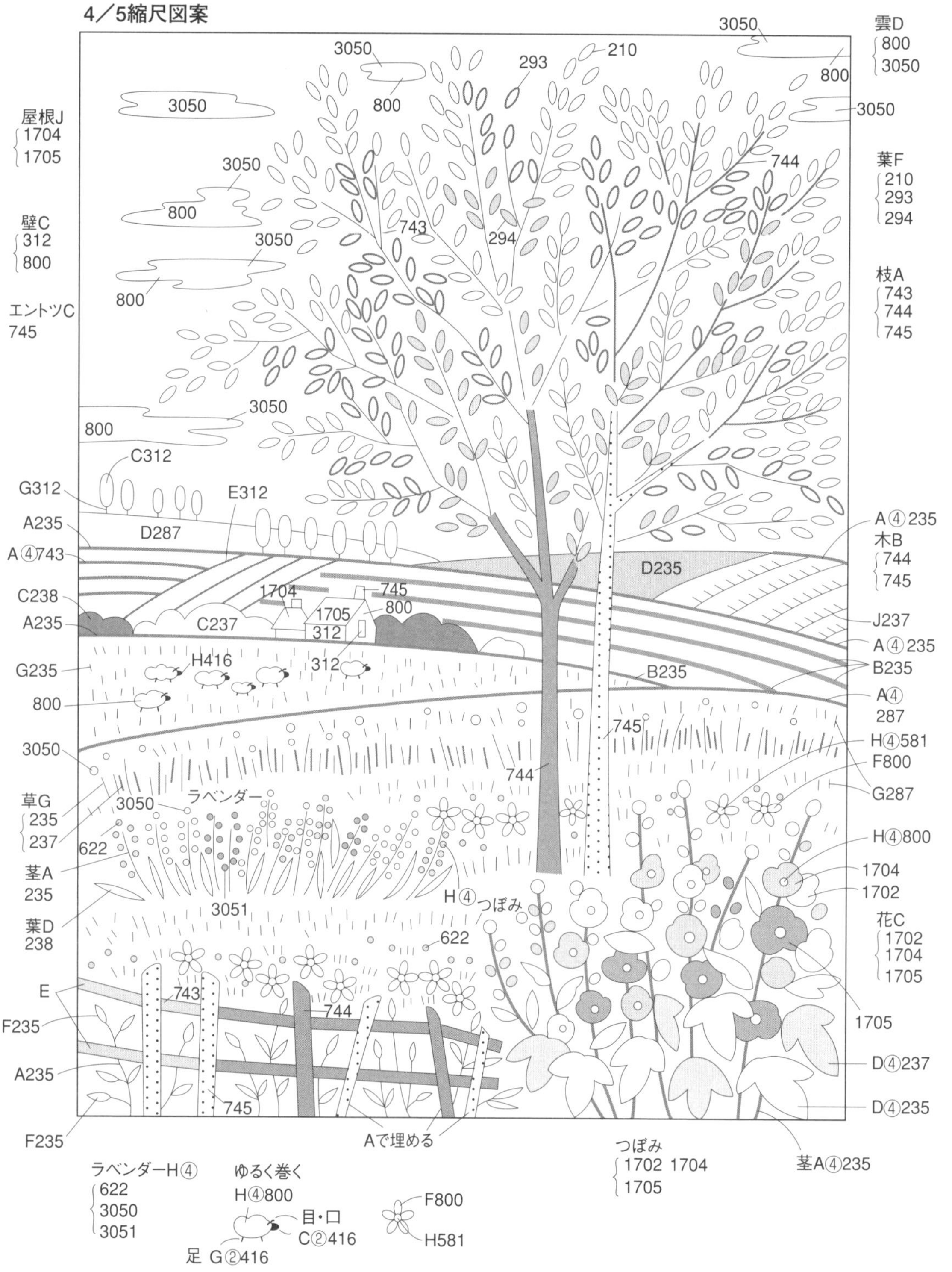

3050 雲D 800 3050 800 3050 293 210 3050 800 屋根J 1704 1705 3050 744 葉F 210 293 294 3050 800 壁C 312 800 3050 743 294 800 エントツC 745 枝A 743 744 745 3050 800 C312 G312 E312 A235 D287 A④743 A④235 木B 744 745 D235 C238 1704 745 800 1705 312 J237 A235 C237 A④235 G235 H416 312 B235 B235 800 A④ 287 745 3050 H④581 F800 744 G287 草G 235 237 3050 ラベンダー 622 H④800 茎A 235 1704 1702 3051 H④ つぼみ 葉D 238 花C 1702 1704 1705 622 E 743 F235 744 1705 A235 D④237 745 D④235 F235 Aで埋める つぼみ 1702 1704 1705 茎A④235

ラベンダーH④ 622 3050 3051

ゆるく巻く H④800 目・口 C②416 足 G②416

F800 H581

A—アウトライン・S
B—ツイステッドチェーン・S
C—サテン・S
D—フリー・S
E—コーラル・S
F—レージーデージー・S
G—ストレート・S
H—フレンチノット・S
I—ジャーマンノット・S
J—ボタンホール・S
※○の中の数字は糸の本数
指定以外は全て3本どり

<コーラル・ステッチ>

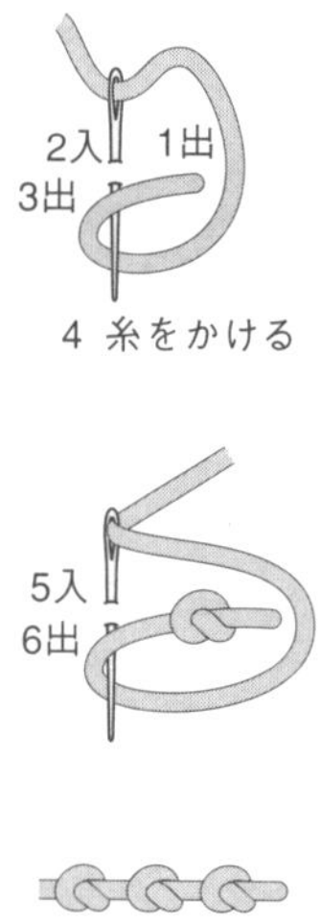

2入 1出 3出
4 糸をかける
5入 6出

1
フライ・S 茶色
2／5縮尺図案
ⓐ ⓑ ⓑ'
2／5縮尺図案
ⓑ ⓑ' は対称に配置
中央
アウトライン・S
822
※刺しゅう糸は3本どり
レース
レース
ギャザーを
寄せて
はさむ
中央
リボン
中央
レース

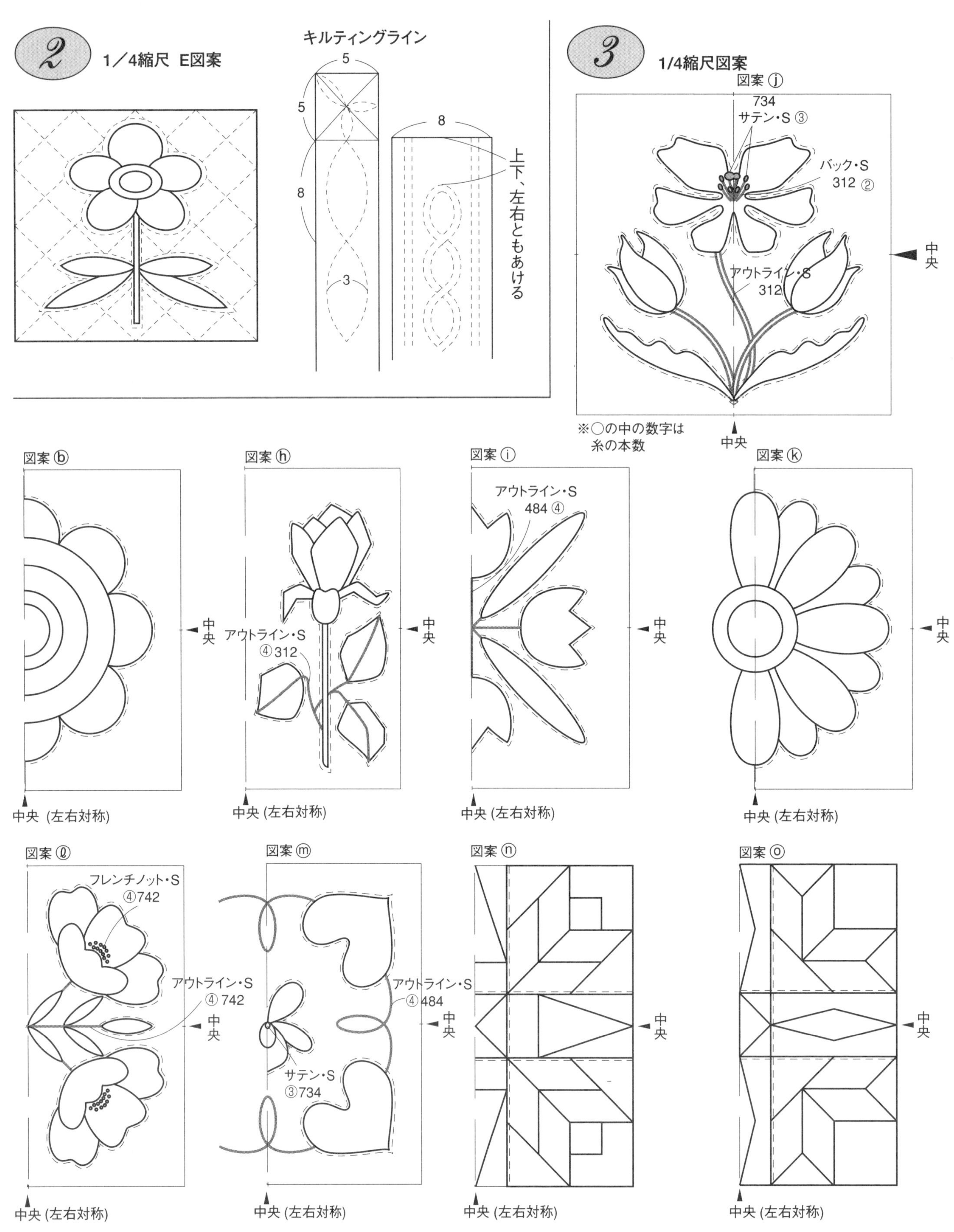

2
1／4縮尺 E図案
キルティングライン
5
5
8
8
3
上下、左右ともあける
3
1/4縮尺図案
図案 ⓙ
734
サテン・S ③
バック・S
312 ②
アウトライン・S
312
中央
※○の中の数字は
糸の本数
中央
図案 ⓑ
中央
中央 (左右対称)
図案 ⓗ
アウトライン・S
④312
中央
中央 (左右対称)
図案 ⓘ
アウトライン・S
484 ④
中央
中央 (左右対称)
図案 ⓚ
中央
中央 (左右対称)
図案 ⓛ
フレンチノット・S
④742
アウトライン・S
④ 742
中央
中央 (左右対称)
図案 ⓜ
アウトライン・S
④484
サテン・S
③734
中央
中央 (左右対称)
図案 ⓝ
中央
中央 (左右対称)
図案 ⓞ
中央
中央 (左右対称)

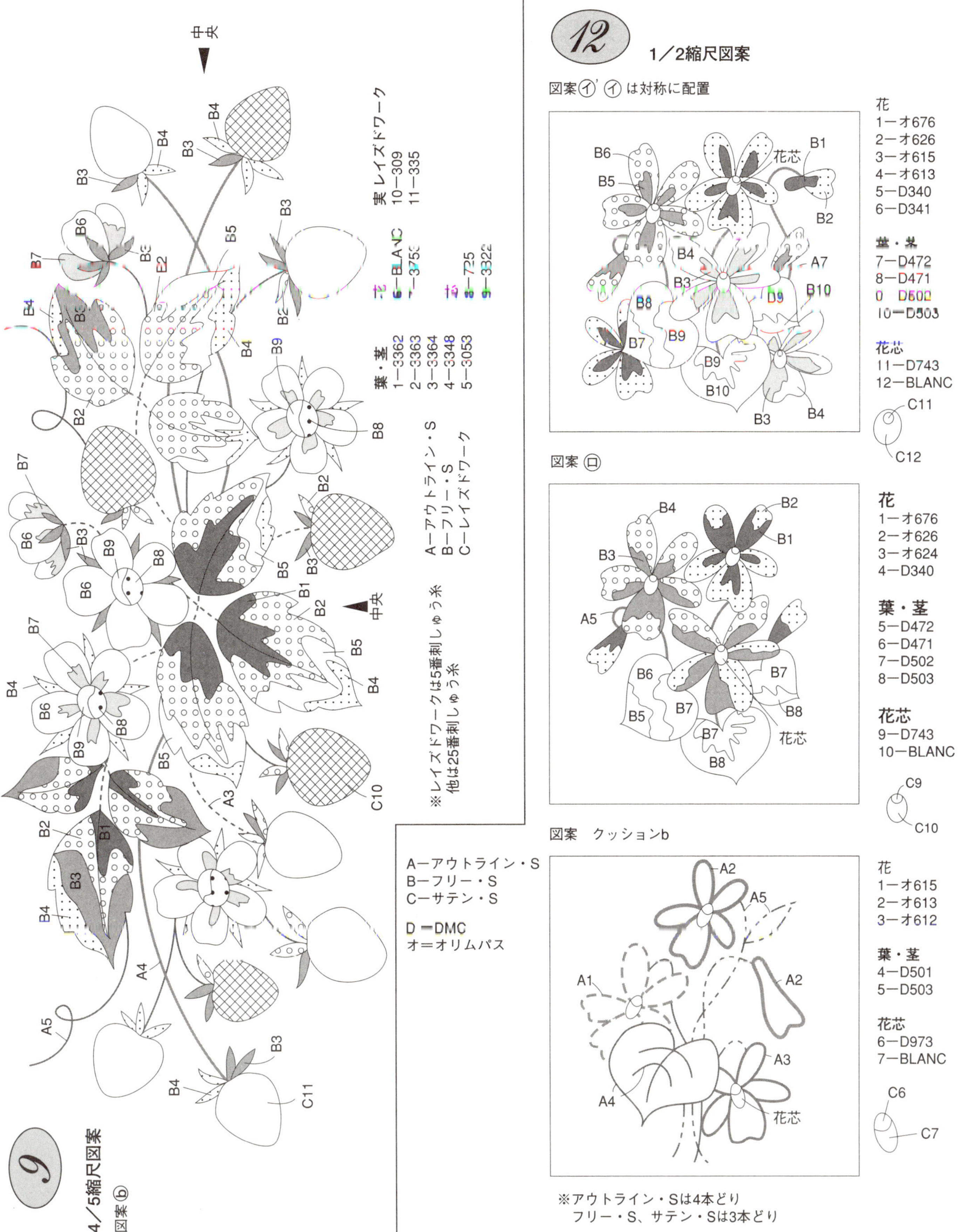
9
4／5縮尺図案
図案ⓑ
実 レイズドワーク
10—309
11—335
葉・茎
1—3362
2—3363
3—3364
4—3348
5—3053
A—アウトライン・S
B—フリー・S
C—レイズドワーク
※レイズドワークは5番刺しゅう糸
他は25番刺しゅう糸
中央
12
1／2縮尺図案
図案㋑'㋑は対称に配置
花
1—オ676
2—オ626
3—オ615
4—オ613
5—D340
6—D341
葉・茎
7—D472
8—D471
9—D502
10—D503
花芯
11—D743
12—BLANC
図案㋺
花
1—オ676
2—オ626
3—オ624
4—D340
葉・茎
5—D472
6—D471
7—D502
8—D503
花芯
9—D743
10—BLANC
図案　クッションb
花
1—オ615
2—オ613
3—オ612
葉・茎
4—D501
5—D503
花芯
6—D973
7—BLANC
A—アウトライン・S
B—フリー・S
C—サテン・S
D＝DMC
オ＝オリムパス
※アウトライン・Sは4本どり
フリー・S、サテン・Sは3本どり

8 テーブルクロス図案

☒ =321　※糸は3本どり

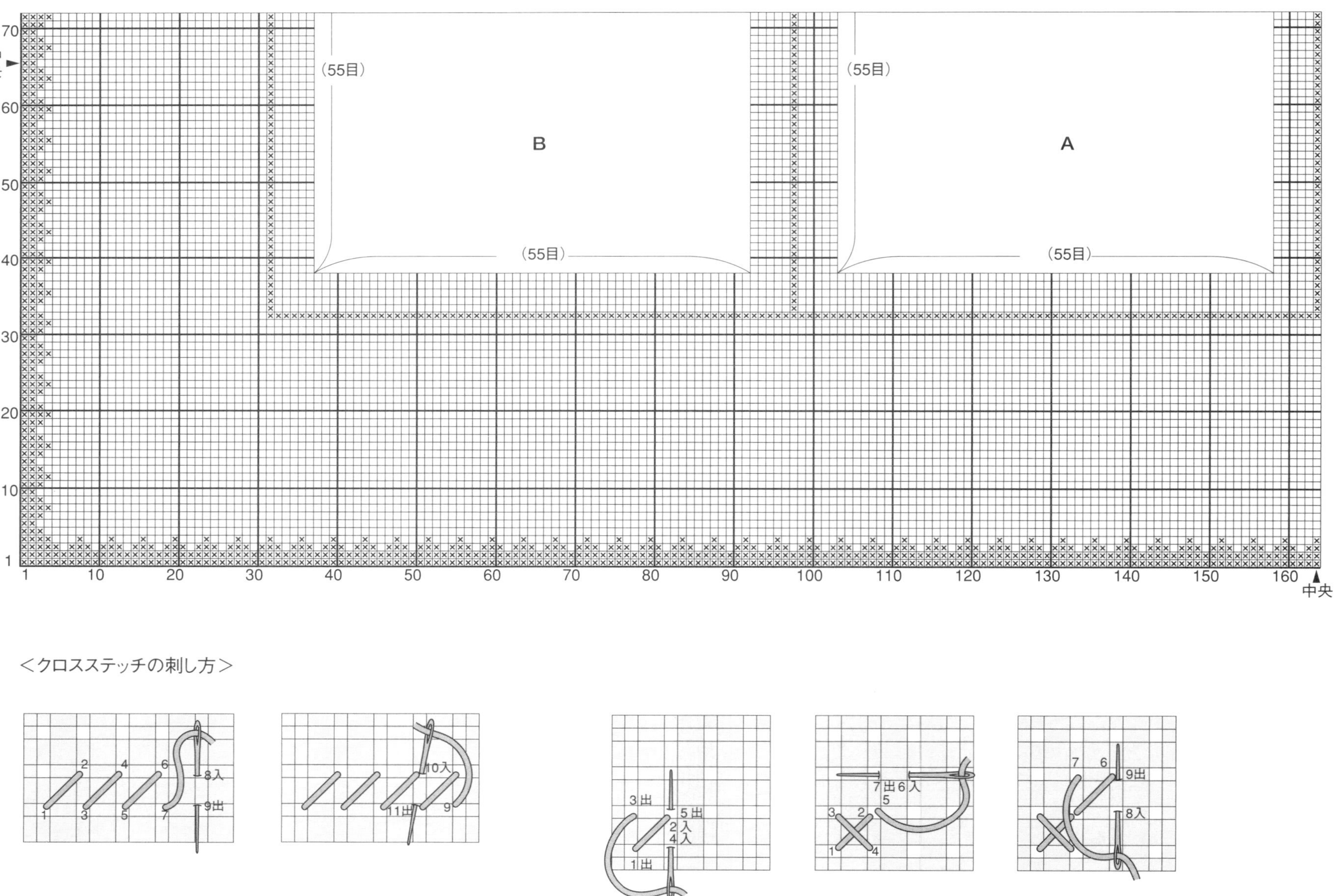
(55目)
(55目)
B
A
(55目)
(55目)
中央
中央
＜クロスステッチの刺し方＞
8入
9出
10入
11出
3出
5出
2入
4入
1出
7出 6入
5
9出
8入

1／2縮尺図案　図案A　※( )内は図案Bの配色、他はAと共通

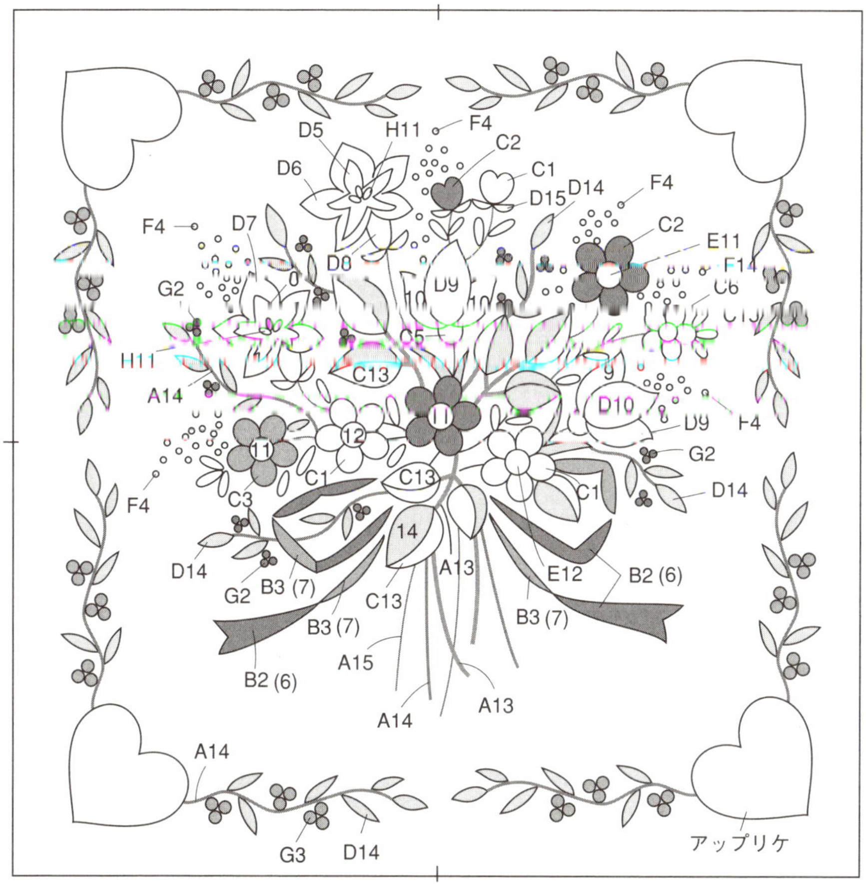

A—アウトライン・S③
B—ツイステッドチェーン・S④
C—サテン・S　③
D—フリー・S③
E—バスケット・S④
F—フレンチノット・S④
G—ジャーマンノット・S④
H—バリオン・S②
※○の中の数字は糸の本数

花 1—760
2—761
3—818
4—819
5—3755
6—3325
7—3841
8—ECRUT
9—554
10—153

芯 11—3822
12—3078

茎・葉 13—3052
14—3053
15—3348

アップリケ

図案B

図案Aの左右対称

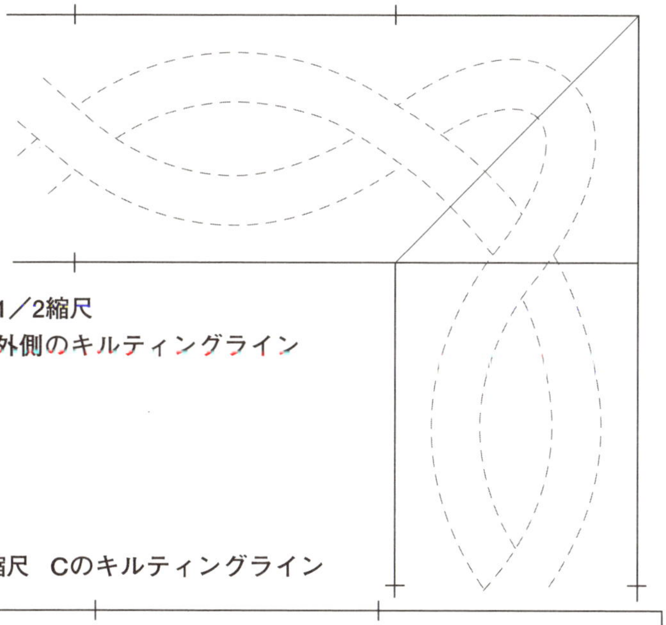

1／2縮尺
外側のキルティングライン

1／2縮尺　Cのキルティングライン

赤ちゃんのよだれかけ図案　※糸は3本どり

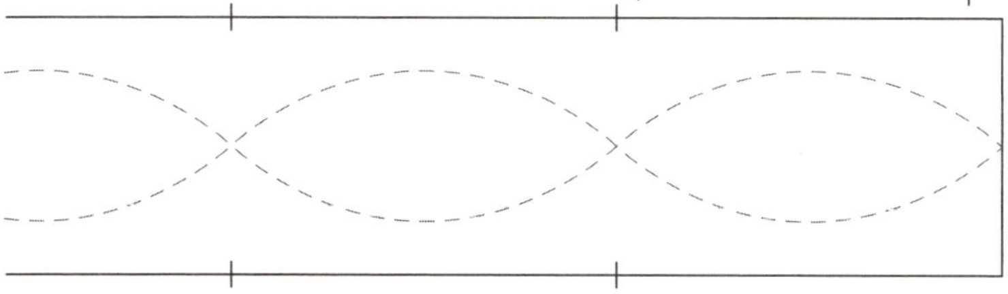

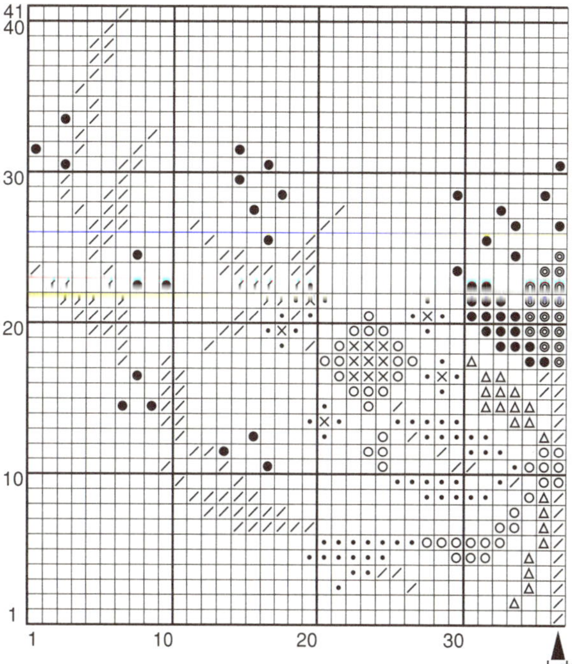

△＝3053
／＝3348
◎＝761
●＝818
・＝3325
○＝3841
☒＝3822

中央
左右対称

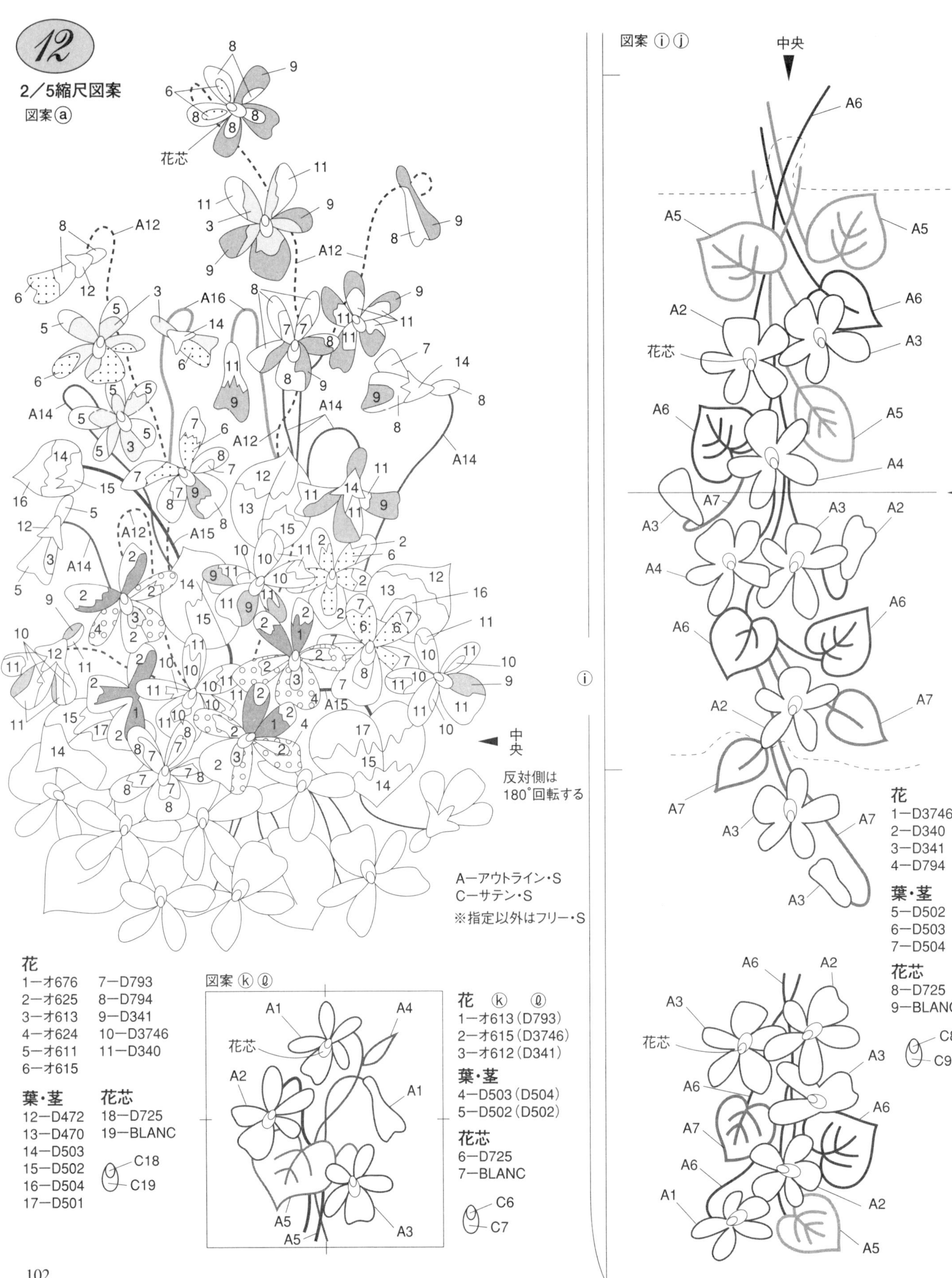
12
2／5縮尺図案
図案ⓐ
花芯
中央
反対側は
180゜回転する
A−アウトライン・S
C−サテン・S
※指定以外はフリー・S
花
1−オ676
2−オ625
3−オ613
4−オ624
5−オ611
6−オ615
7−D793
8−D794
9−D341
10−D3746
11−D340
葉・茎
12−D472
13−D470
14−D503
15−D502
16−D504
17−D501
花芯
18−D725
19−BLANC
C18
C19
図案ⓚⓛ
花 ⓚ ⓛ
1−オ613（D793）
2−オ615（D3746）
3−オ612（D341）
葉・茎
4−D503（D504）
5−D502（D502）
花芯
6−D725
7−BLANC
C6
C7
図案ⓘⓙ
ⓘ
花
1−D3746
2−D340
3−D341
4−D794
葉・茎
5−D502
6−D503
7−D504
花芯
8−D725
9−BLANC
C8
C9

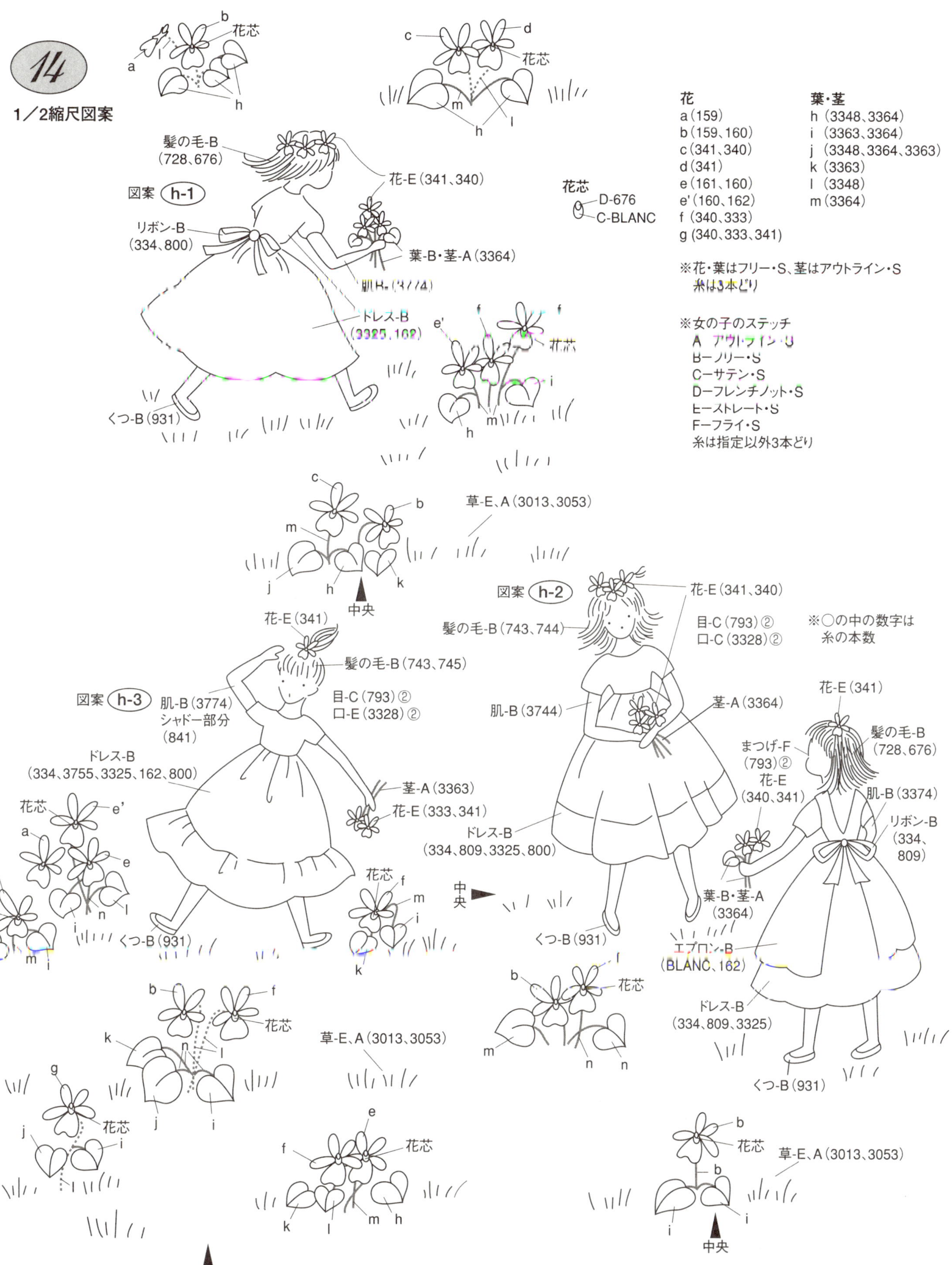

14
1／2縮尺図案
花
a (159)
b (159、160)
c (341、340)
d (341)
e (161、160)
e' (160、162)
f (340、333)
g (340、333、341)
葉・茎
h (3348、3364)
i (3363、3364)
j (3348、3364、3363)
k (3363)
l (3348)
m (3364)
※花・葉はフリー・S、茎はアウトライン・S
糸は3本どり
※女の子のステッチ
A－アウトライン・S
B－フリー・S
C－サテン・S
D－フレンチノット・S
E－ストレート・S
F－フライ・S
糸は指定以外3本どり
花芯
D-676
C-BLANC
図案 h-1
髪の毛-B (728、676)
花-E (341、340)
リボン-B (334、800)
葉-B・茎-A (3364)
肌-B (3774)
ドレス-B (3325、162)
くつ-B (931)
草-E、A (3013、3053)
中央
図案 h-2
花-E (341、340)
髪の毛-B (743、744)
目-C (793) ②
口-C (3328) ②
※○の中の数字は
糸の本数
肌-B (3744)
茎-A (3364)
ドレス-B (334、809、3325、800)
葉-B・茎-A (3364)
くつ-B (931)
花-E (341)
髪の毛-B (728、676)
まつげ-F (793) ②
花-E (340、341)
肌-B (3374)
リボン-B (334、809)
エプロン-B (BLANC、162)
ドレス-B (334、809、3325)
図案 h-3
花-E (341)
髪の毛-B (743、745)
肌-B (3774)
シャドー部分 (841)
目-C (793) ②
口-E (3328) ②
ドレス-B (334、3755、3325、162、800)
茎-A (3363)
花-E (333、341)
くつ-B (931)
花芯

オノエ・メグミ
手芸デザイナー。刺しゅう絵画、パッチワークのデザイン、制作、指導に長年従事。
西洋美術史の研究に携わりながらドイツでデッサン、織物を学ぶ。
淡い色彩の優しさあふれる作風を特徴としている。
作品は三越本店での個展、NHK手芸フェスティバルなどで毎年発表。
教室はNHK青山文化センター、三越本店カルチャーサロンなど。
元東海大文学部講師、尾上手芸研究所主宰。
著書：オノエ・メグミの刺しゅう絵画（NHK出版）、オノエ・メグミの花刺しゅう（雄鶏社）ほか。

撮影協力者
今関まち子　大居明子　小寺麻左代　小山邦子
佐藤由美　土肥渥　藤江洋子

STAFF
撮影／宮下昭徳　木村葉子（プロセスページ）
スタイリスト／岡本礼子
レイアウト／加藤美貴子
編集協力／鈴木さかえ
トレース／まつもとゆみこ
編集／エヌ・ヴイ企画
担当／村上雅子

★素材提供
オリムパス製絲株式会社　TEL.052-931-6679
ディー・エム・シー株式会社　TEL.03-5296-7831
★撮影場所協力
株式会社新宿ピアノ社　TEL.03-3342-3707
ホームページ　http://www5.ocn.ne.jp/~s.piano/
★撮影協力
カントリースパイス　TEL.03-3705-8444

We are grateful.
あなたに感謝しております

手づくりの大好きなあなたが、この本をお選びくださいましてありがとうございます。
内容はいかがでしたでしょうか？ 本書が少しでもお役に立てば、こんなにうれしいことはありません。
日本ヴォーグ社では、手づくりを愛する方とのおつき合いを大切にし、ご要望におこたえする商品、サービスの実現を常に目標としています。
小社及び出版物について、何かお気付きの点やご意見がございましたら、何なりとお申し出ください。
そういうあなたに私共は常に感謝しております。

株式会社日本ヴォーグ社社長　瀬戸信昭
FAX03-3269-7874　voice@tezukuritown.com

手づくりを応援するホームページ　http://www.tezukuritown.com

Embroidery Applique Quilt

刺しゅうとアップリケの優しいキルト

発行日／2005年6月7日
著者／オノエ・メグミ
発行人／瀬戸信昭　編集人／小林和雄
発行所／株式会社日本ヴォーグ社
〒162-8705 東京都新宿区市谷本村町3-23
TEL.／03-5261-5081(販売) 03-3815-0781(編集 エヌ・ヴイ企画)
振替／00170-4-9877
出版受注センター／TEL.0424-39-7077　FAX.0424-39-7877
印刷所／凸版印刷株式会社
Printed in Japan　©M.Onoe 2005
NV6352　ISBN4-529-04108-5

定価 本体1,600円 ※消費税が別に加算されます。

HOT LINE
ホットライン

この本に関するご質問はお電話で！
「刺しゅうとアップリケの優しいキルト」
本のコード●NV6352
受付時間●13：00～17：00（土日・祝祭日を除く）
電話番号●03-3815-0781
編集●エヌ・ヴイ企画
担当●村上雅子

手芸の通信販売カタログ
「ヴォーグファミリークラブニュース」最新号を無料でプレゼント!

ほんの一部をご紹介

オリジナリティあふれる新作キットがいっぱい!
いろいろな手づくり手芸が楽しめます

パッチワークやソーイングのための新しい布を紹介
国産・USAや古裂などが勢ぞろい!

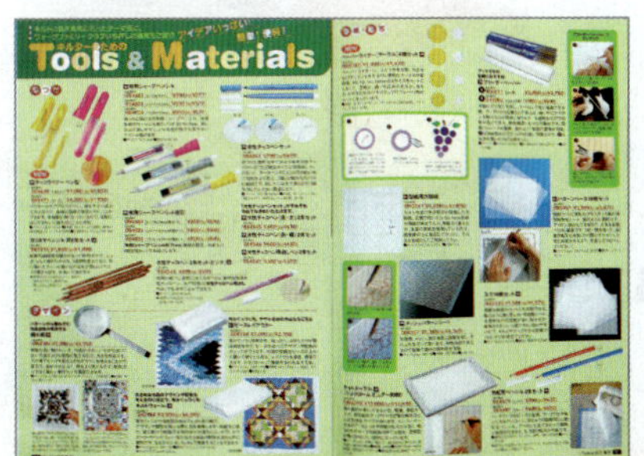
手芸の用具カタログはとても便利です

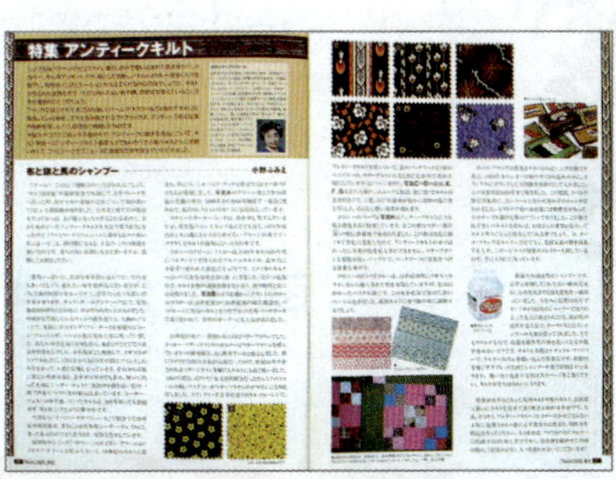
面白くてためになる読み物もあります

刺しゅう材料や図案を紹介

ビーズなどアクセサリーいろいろ

ペイントの素材や図案を紹介

その他、最新の手芸情報をお届けします。

「ヴォーグファミリークラブニュース」はパッチワークキルトをはじめ、刺しゅう、ペイント、カントリークラフト、ビーズなど、手芸材料・用具を満載したカタログです(年4回発行A4判)。
※書店ではお求めになれません。
★ファミリークラブメンバーズにご入会いただくと特典がございます。詳しくは本誌をご覧ください。

通信販売カタログをご希望の方は

下記の①～⑦をご明記のうえ、はがき、お電話、FAXのいずれかでお申込みください。カタログをご請求いただいてから約2週間程度でカタログ最新号をお手元までお届けいたします。

①資料請求コード905②氏名(フリガナ)③郵便番号④住所⑤電話番号⑥年齢⑦ご覧いただいた本の書名

●はがきでのお申込み先
〒330-0062 さいたま市浦和区仲町3－12－6 J. S－1ビル4階
日本ヴォーグ社 受注センター ヴォーグファミリークラブ カタログ係

●電話でのお申込み先
フリーダイヤル  0120-789-351
(受付時間:午前9:00～午後5:00 日・祝日は休業)

●FAXでのお申込み先
フリーダイヤル  0120-923-147
(24時間受付)

楽しい手づくり はじめましょう。

お問合せください。全国のお教室をご紹介します。

押し花 ふしぎな花倶楽部

http://www.oshibana.com/hanakurabu/

自然との触れ合い、創作の楽しみ、仲間との語らいとっておきの時間を見つけてください。

人と自然の輪を作るふしぎな花倶楽部のインストラクターが全国各地で押し花教室を開催しております。あなたも押し花を楽しく、分かりやすく体験してみませんか。ふしぎな花倶楽部のカリキュラムを修了すると、インストラクターの資格を取得することも可能です。

フリーダイヤル 0120-247-879
（10:00〜17:00　土日祝休）

ポーセラーツ 磁器への上絵つけ

http://www.tezukuritown.com/

世界にひとつのティーセット…あなたにも作れます！

ポーセラーツはシール感覚で使える転写紙や上絵の具、金彩などを使い、自由に絵付けを楽しめるホビーです。絵心のない方でも本格的な作品を仕上げることができる実用的なホビー。資格取得もできる全国各地のポーセラーツサロンをご紹介させていただいています。
奥深いポーセラーツの世界…あなたも挑戦してみませんか？

フリーダイヤル 0120-247-879
（10:00〜17:00　土日祝休）

カリグラフィー フレンズ・オブ・カリグラフィー・クラブ

http://www.tezukuritown.com/calligraphy/calligraphy_top.htm

書き手の温もりが伝わるカリグラフィーで生活を彩ってみませんか。

Congratulations

ギリシャ語で"美しい書きもの"という意味をもつカリグラフィー。
日本のカリグラファー第一人者小田原真喜子先生によるオリジナルカリキュラムで、イタリック体・ゴシック体・カッパープレート体の3書体をわかりやすく、楽しく学んでいただけます。
修了後はインストラクター資格を取得できるステップアップ講座を受講できます。

tel.03-5261-5908
（10：00〜17：00　土日祝休）

グラスアート 生活色彩クラフト

ガラスを切ることなく、手軽に作ることができ、仕上がりは素敵なステンドグラスさながら。

いろいろな生活シーンに彩りを添える「グラスアート」。
主な材料は接着テープ状に加工されたリード（鉛）線と、日焼けしにくいカラーフィルムです。ガラスを切ることがないので安全で簡単、それなのに仕上がりはステンドグラスさながら。
日本グラスアート協会のカリキュラムで、この新しいクラフトをご一緒に楽しんでみませんか？

フリーダイヤル 0120-157-167
（10：00〜17：00　土日祝休）

QN 2005-SS-C

QN 2005-SS-D

Let's knit series

手あみとニードルワークのオンリーワン・マガジン

毛糸だま

年4回刊／1・4・8・10月　各25日発売

毛糸だま 2005年夏号　4月25日発売

定価1,260円　（本体価格1,200円）

NV1666　ISBN 4-529-04106-9　297mm×235mm

手あみを中心にレースなどおしゃれな編み物と暮らしを彩る[illegible]がいっぱい詰まった手づくりマガジン。世界のニードルワーク情報、楽しい連載エッセイ、読者ページも充実。

Let's knit series

世界の編物

年2回刊／3・9月発売

世界の編物 2005年春夏号　3月15日発売

定価1,470円　（本体価格1,400円）

NV4127　ISBN 4-529-04099-2　297mm×235mm

世界からあなたへ、ニット直行便。年に2回、世界のニットのトレンドと最新情報を紹介しています。ミラノ・パリのコレクション情報や素材情報も満載。

パッチワークキルトの専門誌

キルトジャパン Quilts Japan

年6回刊／2・4・6・8・10・12月発売　各4日発売

キルトジャパン 2005年7月号　6月4日発売

定価1,050円　（本体価格1,000円）

NV3134　雑誌コード 12825-07　297mm×235mm

パッチワーク愛好家のニーズに応えるワイドな内容のキルト専門誌。キルトの世界の素晴らしさを広く、深く、充分に伝えるキルターのための情報が満載の本格的なキルト誌。

NV6359　5月下旬発売

黒羽志寿子のキルト
藍と更紗
A4変型判／136頁
定価2,940円(本体2,800円)
●黒羽志寿子さんがキルトに出合って30周年、その集大成と言える一冊。美しく味わい深い藍や更紗の魅力を堪能できる大作キルトは、これまでの代表作から最新作まで約40点を掲載。暮らしぶりが伺えるエッセイ、プレゼントにも最適のキルト小もの、長年の研究の蓄積によるキルトテクニックをまとめたレッスンなど。

NV6338

Colors of Japanese Spirits
弓岡勝美の手芸図鑑Ⅲ
日本の心の色100

弓岡勝美の手芸図鑑Ⅲ
日本の心の色100
A4変型判／128頁
定価1,890円(本体1,800円)
●「日本の心の色」をテーマに、ちりめんの配色を楽しむことのできる一冊です。椿の花のつり飾りや、ちりめんや押絵を貼った乙女箱、色合わせを楽しむ巾着など、様々な作品を掲載。

NV6341

やさしい昔の針仕事

やさしい昔の針仕事
暮らしに生き続ける
おしゃれな小ものたち
A4変型判／96頁
定価1,470円(本体1,400円)
●お細工物や袋物、針仕事の道具など、昔からの知恵と技の生きた布小ものを中心に74点を紹介。ふんわりとやわらかな縮緬など、なつかしさを感じる人気の和布、古布の端裂で作れる作品は、現代の暮らしにも生かしたいものばかり。

NV4119

Start Series
Heart Warming Life Series
はじめてのちりめんつなぎ

Heart Warming Life Series
はじめてのちりめんつなぎ
AB判／52頁
定価725円(本体690円)
●懐かしく、優しい風合いが人気のちりめん。巾着、携帯ケース、ネックレスなど、ちりめんを縫いつないだ小ものを写真で丁寧にレッスンします。ちりめんの扱い方や種類など、知っておきたい知識も紹介。

NV6326

しあわせな針仕事のパートナー
私のお針箱
My Favorite Sewing Box

しあわせな針仕事のパートナー
私のお針箱
キルト作家27人のお針道具集
A4変型判／104頁
定価1,575円(本体1,500円)
●針、はさみ、糸、お針箱…。人気キルト作家27人の愛用のお針道具を大公開。ソーイングケースやピンクッションなどソーイングッズ22点も作り方つきで掲載。お針仕事を愛する、すべての方に贈る保存版の一冊。

NV6325

上田葉子の
ファブリックワーク
Fabric works
by Yoko Ueda

上田葉子のファブリックワーク
布であそぶ・素材であそぶ
アイディア&テクニック
AB判／88頁
定価1,470円(本体1,400円)
●簡単アップリケやフェルトあそび、オリジナルの布作りなど、上田葉子さんが自らのテクニックを誰にでも取り入れやすくアレンジして紹介します。

NV6331

やさしいイノベイティブキルト
深山実枝子のキルト塾2
Innovative Quilt

深山実枝子のキルト塾2
やさしいイノベイティブキルト
深山実枝子著
AB判／88頁
定価1,680円(本体1,600円)
●トラディショナルパターンのサイズや配色、セッティングを工夫して、新鮮で個性的な「イノベイティブキルト」を作るための手引き書。

NV4095

キッチン小もの

Heart Warming Life Series
かんたんなパッチワークと
やさしいステッチの
キッチン小もの
A4変型判／80頁
定価1,260円(本体1,200円)
●毎日使う台所、食卓まわりの小ものを布で手作りすることを提案。パッチワーク、キルトに親しむきっかけとして。

NV6314

小さなパッチワーク2
Tiny Patchworks

小さなパッチワーク2
毎日使いたいかわいい小もの
B5変型判／96頁
定価1,470円(本体1,400円)
●第2弾。「バッグの中の小もの」と、「私の部屋で使いたい小もの」がテーマです。人気キルト作家15人の作品30点を掲載。

NV6349

HOUSE
ハウスのキルト

ハウスのキルト
小もの作りのレッスン&ハウスのパターン100
AB判／88頁
定価1,470円(本体1,400円)
●「ハウス」のパターンのかわいい小もの20点を掲載。詳しい作り方レッスン、作品のアレンジに役立つ配色レクチャー&パターン100点など、ハウスの魅力が詰まった一冊。

NV6316

スタンプワークブック
Stumpwork Book

スタンプワークブック
イギリスからの贈り物
森本さちこ著
A4変型判／96頁
定価2,520円(本体2,400円)
●スタンプワークを施したバッグやクッション、小さな額、カードなどの小物作品集。第一人者である森本さちこさんの目新しい技法を丁寧に解説する本書は刺しゅう愛好家必携の1冊。

NV6317

刺しゅうステッチ

バイブルシリーズ
刺しゅうステッチ
刺しゅうの技法200
205×170mm／256頁
定価3,150円(本体3,000円)
●200種以上のステッチをわかりやすくイラストで解説。とても役立つ図案をきれいに刺す秘訣や、仕上げの方法も満載。刺しゅう愛好家やキルト愛好家にもオススメのイギリスの翻訳本。

NV6315

CROSS STITCH EMBROIDERY
四季のクロスステッチ
LOVELY AUTUMN

四季のクロスステッチ
AB判／80頁
定価1,680円(本体1,600円)
●風景をモチーフに6人の作家が各々のスタイルで「春夏秋冬」の額絵を作成。クロスステッチカレンダーのような雰囲気の本。

NV6800

新 刺しゅう
112のステッチと詳しい解説
Basics of Embroidery and Stitches

ヴォーグ基礎シリーズ
新 刺しゅう
112のステッチと詳しい解説
AB判／68頁
定価866円(本体825円)
●ヨーロッパ刺しゅうを中心に、クロスステッチ、アップリケ等、刺し方と基礎知識、図案を掲載。

NV4118

Start Series
はじめての刺しゅう クロスステッチ

Heart Warming Life Series　Start Series
はじめての刺しゅう クロスステッチ
AB判／52頁
定価725円(本体690円)
●作品はクロスステッチの額絵、ピンクッション、コースター、クッション、バッグなど、身近なものでクロスステッチの刺し方から、仕上げ方までイラストと図解で丁寧に解説しました。

A~Zシリーズ

6冊そろえました。（ハードカバー、リング綴じ）

どんな作品にも応用できる分かりやすい解説書！リボン刺しゅうのステッチ＆技法

A~Z
リボン刺しゅう
RIBBON STITCHES

A~Z リボン刺しゅう

定価2,625円（本体2,500円）NV6312
A4変型判・132頁　●手元に1冊置いておきたい、リボン刺しゅうの決定版。40のステッチと技法をわかりやすいプロセス写真で解説し、応用デザインも多数掲載。

スモッキングのすべてがわかる、詳しいプロセス写真つきの解説書

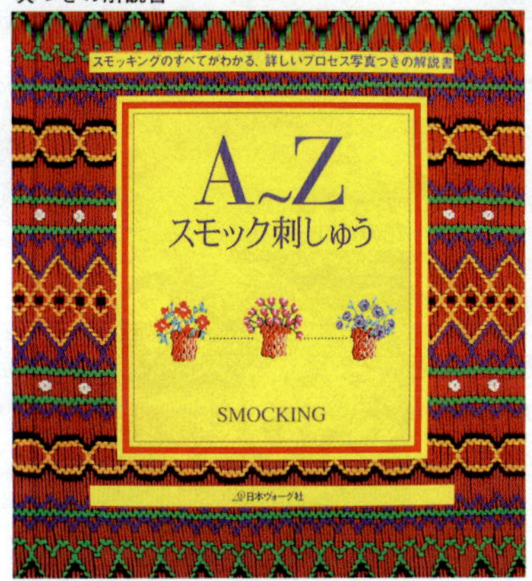
A~Z
スモック刺しゅう
SMOCKING

A~Z スモック刺しゅう

定価2,625円（本体2,500円）NV6311
A4変型判・128頁　●人気の洋書、A~Zシリーズの翻訳本。ビギナーから経験者までスモック刺しゅうのすべてがわかる解説書。すべてのステッチは順を追った詳しいプロセス写真でわかりやすく説明。

バリオン・ステッチの技法を使った、美しい植物や動物の刺しゅう図案120

A~Z
バリオン・ステッチ
BULLIONS STITCHES

A~Z バリオン・ステッチ

定価2,625円（本体2,500円）NV6280
A4変型判・132頁　●バリオン・ステッチの図案集。ひとつのステッチで、こんなにもバリエーション豊かなデザインができることに驚かされます。

基本技法を写真で詳しく解説した、ウール刺しゅうのステッチと技法＆デザイン

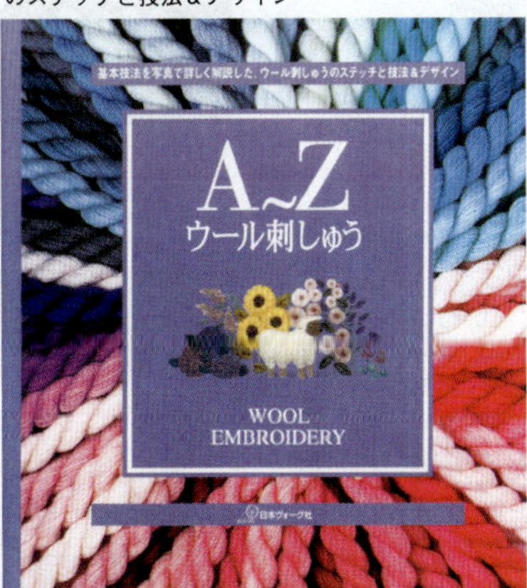
A~Z
ウール刺しゅう
WOOL EMBROIDERY

A~Z ウール刺しゅう

定価2,625円（本体2,500円）NV6249
A4変型判・128頁　●ウール刺しゅうが映えるステッチを集め、各ステッチの詳しい刺し方をプロセス写真で解説。可愛い動物や花などの図案を多数掲載。

いろいろな刺しゅう技法を使った、美しい花の刺しゅう図案100

A~Z
花の刺しゅう
EMBROIDERED FLOWERS

A~Z 花の刺しゅう

定価2,625円（本体2,500円）NV6248
A4変型判・132頁　●美しいデザインとイラストの花の刺しゅう図案集。約100種類の花のデザインを紹介。

すぐに使える！わかりやすいプロセス写真つき刺しゅう技法の実用書

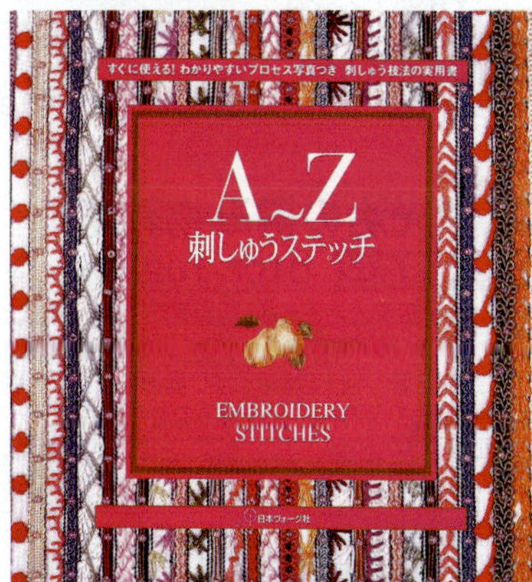
A~Z
刺しゅうステッチ
EMBROIDERY STITCHES

A~Z 刺しゅうステッチ

定価2,625円（本体2,500円）NV6232
A4変型判・144頁●100以上のステッチを1,300枚近い写真で説明した実用的な解説書。

あなたのお部屋が、手づくりの教室です。

小倉ゆき子のリボン刺しゅう

華やかなリボンの表情を生かした優雅なリボン刺しゅうを、
はじめての方でも楽しく学べるビデオ講座です。

資料請求番号 0403-1023

テーマ1 ストレートローズのポーチ
テーマ2 フィッシュボーンのトートバッグ
テーマ3 3種のローズのソーイングケース
テーマ4 フラワーバスケットのミニ額
テーマ5 花のブローチ
テーマ6 花束とリボンのストール

内容：テーマ作品6点＋サンプラーの材料一式、ビデオ2巻、用具、作品カード、テキスト、学習ガイドブック他

●受講料（税込）
一括払い…48,300円
分割払い…7,200円×1回（初回）　4,800円×9回

リボン刺しゅうのサンプラー
（額は含まれません）

●リボン、刺しゅう糸、布などの必要な材料は全てセットされています。
ポーチやバッグは縫製済み、図案転写済みなので、リボン刺しゅうをして仕上げるだけ。

わかりやすいビデオ・レッスン！

わかりやすく編集されたビデオ教材で、手の動きやリボンの引き具合などをじっくり見ながら、15種のステッチを学びます。

尾上雅野　刺しゅうスクール

資料請求番号 0402-1023

6つの代表的な刺しゅうの基礎技法が学べる講座。ヨーロッパ刺しゅう、メタルワーク、カットワーク、ニードルポイント、リボン刺しゅう、毛糸刺しゅうの各テーマ作品を通し、基礎から応用までを徹底して学びます。

内容：布地各種、刺しゅう糸各種、額、用具、テキスト、実物大図案、学習ガイドブック他

●受講料（税込）
一括払い…25,200円
分割払い…3,825円×1回（初回）　2,550円×9回

手あみ棒針あみ

資料請求番号 0102-1023

棒針編みだけを基礎からじっくりと学びたい方対象。割り出しや製図の仕方など、作品を作るのに必要な技法をレッスンします。マフラー、ベスト、プルオーバー、カーディガン、スカートを制作指導。

内容：テキスト、デザインノート、編み目グラフノート、ヴォーグメジャー、縮尺定規、添削指導券、学習ガイドブック他

●受講料（税込）
一括払い…19,740円
分割払い…3,430円×1回（初回）　2,450円×7回

広瀬光治の編み物教室

資料請求番号 0106-1023

人気講師・広瀬光治さんが、初心者向けにやさしくビデオでレッスンします。ビデオではテーマごとに3人の生徒さんにわかりやすく実践指導。半日で編めるゆび編みのマフラーやベストから、かぎ針編みのスカート、棒針編みのセーターまで計8作品。

内容：ビデオ4巻、テキスト、実物大型紙、参考図書、学習ガイドブック他

●受講料（税込）
一括払い…15,540円
分割払い…2,772円×1回（初回）　1,980円×7回

手あみ講座［初級コース］

資料請求番号 0103-1023

棒針編みとかぎ針編みの基礎を、ていねいにレッスン。棒針15点とかぎ針11点の作品について、基本のセーターから子供ものまで、幅広くじっくりと学べます。主に初心者を対象とした講座で、専任講師がやさしく指導いたします。

内容：テキスト、かぎ針編み実物大型紙、参考図書、添削指導券、学習ガイドブック他

●受講料（税込）
一括払い…18,900円
分割払い…3,290円×1回（初回）　2,350円×7回

［申込方法］●ハガキに「入学申込書」と明記し、ご希望の入学講座名、郵便番号、住所、氏名、年齢、電話番号、支払い条件（一括・分割）を記入、捺印のうえ郵送ください。●お届け先はご本人の自宅に限らせていただきます。（宅配便にて配送）●お支払方法：お支払は商品が届いてからの後払いです。講座セットに同封されている払込用紙にて、商品到着後2週間以内に、郵便局からお振込ください。

［交換および返品について］●商品は本講座の特注品セットにつき、交換、返品はご容赦ください。ただし欠品、汚損などの不良品については、当社負担にて交換させていただきます。

◆インターネットのホームページ上で、教材ビデオのダイジェストが見られます。また、資料請求もできます。
手づくりタウン
http://www.tezukuritown.com

日本ヴォーグ社　ホームカルチャー
〒162-8705　東京都新宿区市谷本村町3-23
TEL. 03-5261-5090 (9:30〜17:30 土・日・祝休)
FAX. 03-3266-1270 (24時間受付)

くわしい資料を無料でお送りします。　講座案内パンフレットをご希望の方は、ハガキまたは上記の電話、FAXにてお申し込みください（2講座まで）。電話の場合は資料請求番号をお伝えください。FAXの場合は郵便番号、ご住所、お名前（ふりがな）、電話番号、資料ご希望の講座名をお書きください。

Embroidery
Applique
Quilt